人的存在与作为真理之本质的自由

本书由人文在线出版基金资助出版

姜海波 ◎ 著

新华出版社

图书在版编目（CIP）数据

人的存在与作为真理之本质的自由 / 姜海波著 .
—北京：新华出版社，2018.5
ISBN 978-7-5166-4183-5

Ⅰ . ①人… Ⅱ . ①姜… Ⅲ . ①福柯（Foucault，
Michel 1926-1984）—哲学思想—研究 Ⅳ . ① B565.59

中国版本图书馆 CIP 数据核字（2018）第 107001 号

人的存在与作为真理之本质的自由
作　　者：姜海波

责任编辑：徐文贤
封面设计：人文在线

出版发行：新华出版社
地　　址：北京石景山区京原路 8 号　　　　**邮　　编**：100040
网　　址：http://www.xinhuapub.com
经　　销：新华书店
购书热线：010-63077122　　　　**中国新闻书店购书热线**：010-63072012

照　　排：北京人文在线文化艺术有限公司
印　　刷：北京市金星印务有限公司
成品尺寸：165mm×230mm　　1/16
印　　张：13　　　　　　　　**字　　数**：158 千字
版　　次：2018 年 7 月第一版　　**印　　次**：2018 年 7 月北京第一次印刷
书　　号：ISBN 978-7-5166-4183-5
定　　价：48.00 元

目　录

第1章 导论

我们，天生的自由之鸟呀，不管飞向何方，自由和阳光
都与我们同在!

——［德］尼采:《快乐的科学》

1.1 第一哲学: 形而上学抑或伦理学?

"第一哲学"在哲学体系中占据着核心位置，但对于何为"第一
哲学"却有着不同理解。亚里士多德在《形而上学》中引入了"第一
哲学"的概念，以此开启了自由与人类生存之间的本质联系。"第一
哲学"在其原始意义上指向自由学术，并借此将人类与哲学相互联系
起来。人与自由的关系问题从"第一哲学"的诞生之日就蕴含在其核
心意义之中，并一直引领关于"第一哲学"的理论探讨。

"形而上学"在亚里士多德哲学中扮演着"第一哲学"的角
色，"实是之所以为实是"成为其后形而上学的标志性命题。"实是"

（being）①也成为形而上学讨论的核心内容，尽管不同的哲学家在使用"实是"时所蕴涵的理论意蕴并不相同，甚至有根本的冲突。那么，以研究"实是之为实是"为特征的形而上学在古希腊哲学中又是如何成为"第一哲学"的呢？

对此，包利民在以"存在论为什么是'第一哲学'？"为题的论文中进行了探讨，为我们理解上述问题提供了重要的理论参照②。按照包利民教授在论文中提供的解释，"第一哲学"的出现其实源自于哲学对自身的自我保护。赫拉克利特终结了"存在"与"是"的确定性，"存在"与"不存在"、"是"与"不是"之间的界限不再成立。巴门尼德虽然从思想上对赫拉克利特做出了回应，但也导致了思想与日常世界的脱离，致使一切学问失去了应有的根基。亚里士多德的"是论"与"第一哲学"旨在恢复"逻辑、语言和思维的基本公理"③。在此意义上，形而上学具有"第一哲学"的地位是有历史依据和合理基础的。

即便我们承认形而上学在亚里士多德哲学体系中具有"第一哲学"的地位，那么在哲学发展的各个阶段，形而上学是否始终占有"第一哲学"的位置呢？国内外的学者对此有不同的理论观点。章雪富与石敏敏探讨了古代希腊哲学的范式转移问题，认为希腊化哲学使

---

① "being"一词在国内主要有两种翻译方法，一种翻译方法将"being"翻译为"是"，另一种翻译方法将"being"翻译为"存在"。本文尊重不同学者对于"being"的不同理解；在引用文献时，根据不同学者的翻译而分别引用"是"或"存在"的翻译方法。当从外文文献引用资料时，本文将"being"翻译为"存在"。

② 包利民. 存在论为什么是"第一哲学"？——对希腊存在论的一个再思（J）. 哲学研究，2009，1：60-66.

③ 包利民. 存在论为什么是"第一哲学"？——对希腊存在论的一个再思（J）. 哲学研究，2009，1，64 页。

"伦理学作为第一哲学"成为可能①。如果我们能够承认希腊化时期以"伦理学作为第一哲学"形态出现的哲学范式转移，自由将是理解这一范式转移的关键所在。自由问题虽然仍然与真理问题、知识问题相关，但同以亚里士多德为代表的古希腊哲学意义上自由与知识的关联具有明显的差异。自由及其可能性在这一转型过程中进一步得以凸显。

莱维纳斯通过对存在意义的追问而提出"伦理学作为第一哲学"的理论主张②。莱维纳斯对"存在"的审视与自我相关联，自我的正当性在此受到质疑。在对自我正当性的审视过程中，存在的意义显现为"关于存在之正义的伦理学"③。正是在为存在的正当性进行辩护的意义上，伦理学作为第一哲学的合理性得以呈现。自由与人性的关联在存在的正当性中得到展现，并因此成为个人承担责任的价值基础。

延续古希腊传统、以科学为导向的"第一哲学"建构趋向在现代哲学背景下集中体现为胡塞尔的超越论现象学，对此王炳文先生进行了理论探讨④。胡塞尔把哲学与科学视为"揭示人类本身'与生俱来的'普遍理性的历史运动"⑤，理性是人类的本质所在。哲学作为严格的科学，其目的就在于揭示人类自身的理性并使伦理与宗教生活处于纯粹理性的支配之下。按照这样的理论建构思路，"伦理学作为第一哲学"明显是不具有可能性的。超越论的现象学应具有"第一哲学"

---

① 章雪富、石敏敏.伦理学作为第一哲学——希腊化哲学的范式转移（J），中国社会科学，2011，1：47-57.

② 莱维纳斯.伦理学作为第一哲学（J）.朱刚译.世界哲学，2008，1：92-100.

③ 莱维纳斯.伦理学作为第一哲学（J）.朱刚译.世界哲学，2008，1：100.

④ 王炳文.作为第一哲学的超越论现象学（J），世界哲学，2005，2：83-94.

⑤ 胡塞尔.哲学作为严格的科学（M），倪梁康，译.1 版.北京：商务印书馆，2010.26 页。

的地位，这与古希腊哲学的知识论传统是有明显理论关联的。

对于"第一哲学"的探讨，目前在学术界仍存在分歧，没有形成广泛接受的理论共识。但我们似乎可以得到这样的结论，对哲学以及"第一哲学"问题的探讨与对人的存在及其与自由的关联所具有的不同理解密切相关。"第一哲学"所指向的不同理论形态与对人的存在的理解直接相关。"形而上学"在人以知识为媒介而获取自由的理论阐释中占有"第一哲学"的位置，"伦理学"在人以自我主体化为形式获取自由的思想阐释中拥有"第一哲学"的位置。"形而上学"与"伦理学"何者为"第一哲学"或许可以有不同的判断，"人"与"自由"的内在联系则是我们必须关注的重要问题。

如果我们尝试从人与自由的视角对哲学及其意义进行反思，福柯政治伦理思想为我们提供了有益的理论参照和实践指引，即使我们不能确定福柯是最佳的参照点。福柯思想的意义内涵也同样只有在参照相关哲学思想历史发展进程中才能得到充分展示。我们以"人与自由"问题为线索、在以克尔凯郭尔为代表的现代哲学发展进程中把握福柯思想的精神意蕴，进而理解哲学自身的意义与价值。

1.2　人与自由：从克尔凯郭尔到福柯

"人是精神。"① 克尔凯郭尔关于人的论述为我们理解人的生存处境提供了重要的理论源点。人作为精神，其具体存在形态呈现为自我。

---

① 克尔凯郭尔.致死的疾病（M），张祥龙、王建军，译.1版.北京：商务印书馆，2012，13页。

但自我不是仅仅孤立存在的单个人，而是与自身相关联的关系。换而言之，人及其自我是作为关系而呈现的。但自我又不是关系本身，而是关系与其自身的关联。因此，自我作为一种特殊关系，其特别之处在于自我本身就包含了其与自身的关系。当我们设想一种脱离一切关系的孤立的自我时，其实正是迷失自我的开始，因为自我已经并总是以关系的形态而呈现自身。

如果自我是与自身相关联的关系，那么这种关系的具体内容究竟如何呢？自我所包含的关系内容，与人包含的综合内容密切相关。人是包含有限与无限、暂时与永恒、自由与必然的综合体，因此在自我所包含的关系内容中也相应包含着有限与无限、暂时与永恒、自由与必然的关系。人作为关系的综合体和自我作为与自身相关联的关系具有内在统一性的可能，虽然两者并不等同。

人与自我所具有的内在统一性通向人获取救赎的可能，救赎通过罪而成为现实。自我必然地归属于罪，这不是对自我的纯粹否定，因为上帝也同时带来了救赎的可能性。罪是不可完全理解的，同样救赎也是不可理解的。自我由于面对上帝生存而陷入罪的必然性之中，同时自我也由于面对上帝而获得了救赎的可能性。自我与自身的关联在上帝面前、作为精神呈现为罪的必然性与救赎的可能性的统一。对此，自我永远无法获得完整的理解，治愈绝望与获得救赎的可能在于信仰而非理解。

尼采关于人与自由的理解同克尔凯郭尔具有明显差异，甚至在某种程度上可以说，尼采的论述在某种意义上是对克尔凯郭尔思想的批判[①]。

---

① 王齐. 面对基督教：克尔凯郭尔和尼采的不同取向——兼论尼采对克尔凯郭尔的批判（J），世界哲学，2012，2：23-31.

自由的标志在尼采思想中显现为摆脱人所具有的羞愧之心，勇敢地运用自身的意志。在自由意志面前，一切价值都可以而且应该重新评估。人不应沉迷于宗教的幻想中而向往天国的自由，人也无需借助于道德规范获取普遍意义上自由。人，"天生的自由之鸟"①，可以凭借自身的强力意志把握自由。

胡塞尔从沉思与认识者自身规定两个方面揭示了自由对于哲学产生的重要价值。他试图以自由的形式赋予认识行为绝对的开端，为实证科学奠定确定性的基础，为"哲学作为严格的科学"的自身发展展现新的可能性。自由构成了哲学反思无条件性的条件预设，人也正是由于由自由所确定的哲学反思的可能性而拥有赋予客观世界意义的主体性地位。自由与人的主体性地位在胡塞尔现象学中、在认识论的框架内、以可能性与可理解性的呈现形态得以确立。

海德格尔在哲学研究的方法上继承了由胡塞尔所创立的现象学方法，但在哲学应关注的问题方面却开启了新的存在论维度。他将存在的意义问题作为基本问题加以探讨。追问存在问题，"只不过对此在本身所包含的存在问题刨根问底"②。在对存在意义问题的探讨过程中，人与自由的关系问题作为关键问题而被理解和领会。此在，人类自身之所是的存在者，在生存论建构中具有以可能性形式体现的自由。此在总是在不同的可能性之中达到对意蕴的领会，从而使自身面向不同的来照面的世界，也使自身的存在意义具有多种呈现形态的可

---

① 尼采．快乐的知识（M），黄明嘉．译．2版．北京：中央编译出版社，2007，155页。

② 海德格尔，存在与时间（M），陈嘉映、王庆节合译，3版．北京：三联书店，2006，18页。

能性。在世界以因缘整体和意蕴结构得以展示自身的过程中，人自身所具有的自由也在此在的生存论建构中以可能性的形式得以展现。

海德格尔以存在意义为主题、以基本存在论为载体对人作为此在形态的存在者所具有的自由进行了现象学揭示。福柯对于人与自由的讨论深受海德格尔的影响，但福柯并没有延续海德格尔存在主义的理论思路探讨人与自由问题。他将"自由"问题与"人的存在"以及"真理"的意义联系起来，在"人的存在"所展现的不同维度中探讨"真理"的意义，在"真理"的本质中彰显"自由"的内涵。

福柯政治伦理思想可以划分为四个阶段，第一阶段以《古典时代疯狂史》为代表，这一阶段以"疯狂史"为主线，追述"理性主体"建构自身的过程。第二阶段以《词与物——人文科学考古学》为代表，这一阶段以"人文科学"演变史为线索，追述"科学主体"建构自身的过程。第三阶段以《规训与惩罚》为代表，这一阶段以"监狱的诞生"过程为主线，追述"政治主体"建构自身的过程。第四阶段以《性经验史》为代表，这一阶段以"性经验"演变过程为主线，追述"自我主体化"过程。在福柯政治伦理思想的不同阶段，"自由"问题在与"人的存在"和"真理"的相互联系中呈现出不同的形态。我们需要在理解福柯著作基础上，理解福柯政治伦理思想中所指向的"自由"问题。

克尔凯郭尔从绝望入手分析人的生存处境，在信仰中展现人实现"自由"的可能性。尼采将"自由"从道德和宗教的束缚中解脱出来，试图在恢复人的本性中实现人自身的自由。胡塞尔将人的"自由"奠定在作为严格科学的哲学之上，力图在为客观世界奠定基础的同时，实现自我和他人的自由。海德格尔将人的"自由"置于"此在"与"存在"的联系中而加以展现，在对"存在"意义的领会中，人以

"此在"的形式实现自身的自由。

福柯以政治伦理思想形态,将"自由"与"真理"相互联系起来。"自由"与"真理"的内在联系在海德格尔思想中已经得到体现,福柯政治伦理思想则使"人的存在"、"真理"和"自由"在相互联系中呈现各自的意义。福柯政治伦理思想并不将"自由"的实现诉诸信仰,也不将"自由"与人之本性相联系,更不会在科学和客观性基础上探讨"自由"的可能性,而是在"人的存在"的不同维度中、在"真理"的不同意义中展现"自由"的意义及其可能性。这对于我们理解"自由"问题具有重要的参考价值。

福柯政治伦理思想为我们理解自由问题开启了新的探索方向,对于福柯政治伦理思想中的自由问题进行研究也构成了本书研究的核心问题。福柯政治伦理思想的表达形式是隐晦和含蓄的,诠释学和语用学为我们揭示福柯思想的丰富内涵确定了合理的研究视角。本书所要研究的主要目标与问题就是在诠释学与语用学的研究视角下,探讨在福柯政治伦理思想发展的不同阶段中自由问题所呈现的不同型态。

1.3 真理与自由:作为真理之本质的自由

"真理"这一术语在日常语言与哲学探讨中被广泛使用。"真理"的意义,一般也被认为具有自明性而未经受理论审视。"真理"往往被理解为具有"符合"的意义内涵,指向与某种标准的相互一致。在"符合"意义中,"真理"的本质恰恰处于遮蔽状态。"真理"并不在一致性中显现自身的本质意义,而是恰恰要追问一致性自身何以可能。只有在作为整体而显现的存在者之中,"真理"的本质才能得以显现。

"真理的本质是自由"[①],"自由"成为"真理"本质的意义所在。在呈现"真理"本质的意义上,"自由便自行揭示为让存在者存在"[②]。作为"让存在者存在"而呈现的自由,是一切历史得以创建的前提条件。人作为历史性的人,也以自由为先决条件。"自由"使人作为存在者而与存在者整体相关联,这使人作为此在的存在方式——"在世界之中存在"——成为可能。

福柯对于"真理"的理解与海德格尔有类似之处。在语义分析的基础之上,福柯具体区分了"真理"所具有的四重意义。"真"的第一重意义体现为"非遮蔽"(unconcealed)。从这一意义而言,一事物为"真"意味着"没有隐藏,没有遮蔽,从整体上可以看到,完全可见,没有任何部分被遮蔽或呈现秘密状态"[③]。在"真"的第一重意义上,我们理解一事物为"真"就意味着事物从整体上能够被把握,事物的任何部分都处于澄明状态,以可见的形态彰显自身。

"真"的第二重意义体现为"非合成"(unalloyed)。从这一意义而言,一事物为"真"意味着"没有添加,也没有与异于自身的东西相混合的附加补充"[④]。在"真"的第二重意义上,我们理解一事物为"真"就意味着一事物是纯粹状态,没有被其他事物改变自身的本质。

---

① 海德格尔.林中路(M),孙周兴译,1版.上海:上海译文出版社,2004.,214页。

② 海德格尔.林中路(M),孙周兴译,1版.上海:上海译文出版社,2004,216页。

③ Foucault Michel,translated by Graham Burchell(2011),The Courage of the Truth(The Government of Self and Others Ⅱ),Palgrave Macmillan:New York.,219.

④ Foucault Michel,translated by Graham Burchell(2011),The Courage of the Truth(The Government of Self and Others Ⅱ),Palgrave Macmillan:New York,219.

事物没有与任何其他事物相混合，在完全意义上体现自身的本性。

"真"的第三重意义体现为"直接"（straight），或者我们也可以称之为"非间接"。从这一意义而言，一事物为"真"意味着"端正，这一含义可以直接从事物的'真'所具备的非遮蔽和非合成意义中得到"①。基于对"真"的第三重意义的理解，我们可以将"真"的特征赋予行为与做事情的方式，行为和做事情的方式所具有的"真"的意义，与"正确"（right）相对应。

"真"的第四重意义体现为"非变化"（unchanging）。从这一意义而言，一事物为"真"意味着"超越任何变化而存在和维系"②。以"真"的第四重含义为基础，事物获得其自身存在的根据与对自身的认同，我们确定一事物为"真"，也就意味着我们领会了事物成就自身的内在根据，"真"指引我们超越事物的外在变化而领会事物的本质所在。

海德格尔所指引的"真理"与"自由"之间的相互联系，以及福柯所强调的"真理"所具有的四重意义，为我们理解"自由"问题提供了理论依据和分析框架。当我们在福柯政治伦理思想的不同阶段去理解"自由"时，"自由"在不同的"人的存在"维度中呈现不同的"真理"意义。"人的存在"、"真理"与"自由"之间的内在联系成为我们理解福柯政治伦理思想的关键线索。

---

① Foucault Michel, translated by Graham Burchell（2011），The Courage of the Truth（The Government of Self and Others Ⅱ），Palgrave Macmillan：New York.，219.

② Foucault Michel, translated by Graham Burchell（2011），The Courage of the Truth（The Government of Self and Others Ⅱ），Palgrave Macmillan：New York.，219.

1.4 存在、语词与语言：诠释学与语用学结合的尝试

"语言是存在之家"①。在思的过程中，存在与人的本质关联在语言中得以呈现。存在本真意义的领会则要在诠释学中得以把握和解释。当我们试图理解存在的意义以及人自身生存的价值、人与自由的内在关联时，诠释学提供了重要的、即使不是唯一的理论视角。借助于诠释学，我们可以刻画人类自身的生存处境以及世界具有的内在意蕴。

诠释学方法指引我们从短程路径与长程路径理解人的存在意义。短程路径指向对人的存在所可能的直接领会，长程路径则试图在语义理解的基础上间接把握存在的意义。相对于长程路径而言，短程路径缺乏理解存在意义的方法论维度。长程路径是间接和渐进的理解存在意义的方式，更多体现为"通过遵循语义学和反思的相继要求而进行的"②。

在诠释学理论中，象征占据重要位置。正是在对象征所蕴含的多重意义的解释中，诠释学展现了存在意义的多种可能性，也使自身成为通向生存意义显现的根本途径。隐喻对于文本的重要意义则体现为，隐喻在文本解释的局部—整体呈现的"诠释学循环"中扮演着关键角色，使解释作为整体意义的揭示成为可能，进而使人对自身存在意义的理解成为可能。

叙事在诠释学对于意义的揭示中发挥着重要的功能。叙事在诠

---

① 海德格尔.路标（M），孙周兴，译.1版.北京：商务印书馆，2000，366 页。
② 利科.解释的冲突（M）.莫伟民.译.1版.北京：商务印书馆，2008，5 页。

释学中之所以发挥重要的作用，源于人类自身作为存在者与历史的内在关联以及叙事与历史的内在联系。叙事使历史自身的意义结构得以显现，并进而解释人类自身的生存意义。历史与叙事的相互关联体现在，历史与小说具有同样的叙事结构，但却体现不同的叙事功能。叙事使历史与虚构相互交织，我们在历史中领会生存意义的各种可能性，在虚构中走向现实的本质之中。生存的意义以叙事形态呈现其本质，对于生存意义的领会则在虚构中得以完成。这并不意味着对于人类自身生存意义的把握会通向"虚无主义"，而是彰显了对于人类自身诠释学处境的理论刻画。

审美在诠释学理论中占有重要地位。审美的主要对象是艺术作品。艺术作品的存在与其表现形式不能分离，这构成了艺术品作为存在者的存在论特征。艺术作品可以在被表现过程中发生种种改变和变形。但在存在论层面上，它仍然是其自身。表现构成了艺术作品的呈现方式，不同的表现形式构成了艺术作品不同的呈现方式。艺术作品在存在论层面"是其所是"，表现作为复现是艺术作品在存在者层面的反映形式。

存在总是存在者的存在，艺术作品总是被表现的艺术作品。存在是存在者得以存在的可能性条件，艺术作品总是被表现的构成物的可能性条件。艺术作品使观赏者达到自身世界的真理，这一过程通过对艺术作品所表现东西的参与而成为可能。艺术作品通过设置审美距离，使"世界之为世界"在观赏者面前得以呈现。观赏者在艺术作品所设定的独立意义圈中摆脱日常的共同存在，脱离常人状态而作为此在真正置身于世界之中。

诠释学理论语境中的象征、隐喻、叙事、审美构成了本书研究方法的一条主线；语用学则构成了本书研究方法的另一条主线。"语言是语词的家"①，语词不仅具有形而上学的用法，而且以日常语言的形态展现意义。语言可以在形而上学的意义上使用，并不意味着语言不能在日常意义上使用。语言恰恰是沟通人类自身形而上学规定性与日常生活实践性的桥梁与纽带。借助于诠释学我们通过语言探求人类自身的存在意义，借助于语用学我们通过语言理解日常生活实践内涵。如果说，诗歌作为语言的一种形态开启了通向人类自身存在意义的途径，那么，日常语言则作为语言的另一形态确定了人类社会实践的范围及其可能性。

我们不必在诗歌与日常语言之间做出非此即彼的选择，我们栖居于诗歌与日常语言所共同形成的语言世界之中。在这一意义上，诠释学与语用学可以形成相互补充的方法论结构。从方法论角度而言，本书同时采用诠释学和语用学阐发福柯政治伦理思想中的自由问题。本书所采用的诠释学方法主要借鉴利科的相关理论，而所采用的语用学理论则源于耶夫·维索尔伦的语用学理论。

语用学与其他语言学学科相比，具有独有的特征。由于人类行为始终处于与语言的相互关联之中，始终与语言的不同形式的使用有关，因此语用学为我们理解和刻画人类行为提供了有效的方法指引。人类生存于社会之中的现实使人类行为在多数情境下呈现为共同性的特征，在共同行为中语言发挥着组织和协调功能。如果人类需要相互理解，以协调彼此行为，那么人类就需要在语言使用涉及的各个方面不断进行选择。"变异性"、"协商性"和"适应性"② 这三个概念构成

---

① 维特根斯坦.哲学研究（M），陈嘉映译.1版.上海：上海人民出版社，2005，56页。

② 维索尔伦.语用学诠释（M），钱冠华译.1版.北京：清华大学出版社，2003，69页。

了分析语言选择过程的重要理论线索。

语言在使用过程中可供选择的范围并不是无限的，而是首先限定的，这样才能使人与人之间的相互理解成为可能，同时语言可供选择的范围又不是固定不变的，而是变动不定的。"变异性"的概念描绘了语言在使用过程中选择的范围及其可能性，是语言使用在选择范围内的确定性与不确定性的综合。

"协商性"意味着语言使用过程中的不确定性，不仅在语言产出者一方的选择过程中存在着不确定性，而且在释话人一方也存在选择的不确定性。协商性所导致的不确定性还意味着语言使用的选择做出后，永远是可以再协商的，这是语言动态性的重要体现。"适应性"强调语言使用的功能在于促进交际的达成，语言与交际需要之间体现为互动关系。语言可以根据交际需要调整自身以逐渐达到满意的交际效果。

语用学分析框架为我们获得实践过程的可理解性提供有效了方法论依据。本书所采用的语用学分析框架，以适应性为主要分析线索，以语境、结构、动态性和意识突显性为分析工具建构而成。诠释学与语用学分析方法的综合运用将使我们对福柯政治伦理思想中的自由问题能够展开更好地解读。

1.5 人的存在与作为真理之本质的自由：本书研究之基本结构

本书研究的结构组织遵循"历史与逻辑相统一"的基本原则。从历史脉络而言，本书将福柯思想的历史演变归结为四个历史时期，以福柯四部重要著作为代表。从福柯思想的内在逻辑结构而言，本书以人的存在意义与真理的四重意义为基础，刻画了福柯思想不同阶段之间的逻辑联系。人的存在意义与真理的四重意义通过自由这一主线得以相互联系，自由在人与真理的相互关联中展现其可能性。

福柯思想蕴含了对人的存在意义所做出的四重划分。人的存在可以具体从四个维度加以理解，即"在历史中存在"（being in history）、"在世界中存在"（being in the world）、"为他存在"（being for others）、"自我存在"（being in oneself）。福柯在其理论发展的不同阶段对人的存在意义的不同维度给予刻画，人的存在意义成为我们理解福柯思想不同阶段之间内在联系的重要指引。福柯思想体现了对真理意义的不同层面理解：即"非遮蔽"（unconcealed）、"非合成"（unalloyed）、"直接"（straight）、"非变化"（unchanging）。福柯思想的不同阶段体现了对真理意义在不同层面的理解，真理意义也因而成为理解福柯思想的重要线索。

福柯思想经历了不同的发展阶段，在每一发展阶段，福柯思想所蕴含的自由问题具有不同的体现形态。我们可以按照福柯主要著作发表的时间顺序，同时参照福柯在不同理论发展阶段所关注的不同理论主题，将福柯思想划分为四个阶段。这四个阶段可以分别用福柯具有代表性的四部著作——《古典时代疯狂史》、《词与物——人文科学考古学》、《规训与惩罚——监狱的诞生》、《性经验史》——作为代表。本书的研究内容与结构安排按照以上所划分的、以四部主要著作为代表的四个阶段来加以确定，重点探讨在不同的发展阶段，福柯思想的自由问题及其体现形态，并将福柯思想与其他学者的相关思想进行比较，在比较中进一步彰显福柯思想的意义与内涵。同时，本文将自由置于人的存在与真理的意义所形成的相互联系之中，使自由在与人的存在、真理的意义的内在联系中展现自身的可能性。

以《古典时代疯狂史》为代表的福柯思想发展的第一阶段以"疯狂、叙事与自由"为主题展示其思想中的自由问题及其体现形态。本书参照海德格尔在《存在与时间》中对此在历史性的论述，以利科的《时间与叙事》第三卷为主要参照文本，建构历史分析框架，将历史分析框架运用于《古典时代疯狂史》，分析疯狂的历史叙事以及疯狂与理性之间的内在关联。同时，本书将语用学运用于分析疯狂得以被界定的话语运作，借以界定疯狂过程的实践内涵。本书将福柯关于理性与疯狂的相关思想和怀特海《理性的功能》中的相关研究进行了比较，从而进一步突出福柯思想的意蕴和特质。在以上研究基础上，本书得出基本结论：福柯在《古典时代疯狂史》为代表的阶段，将自由视为"通过叙事而可能的自由"。在叙事中，作为可能性的自由为自身获得了历史根据。在此阶段，人的存在意义展现为人在历史中存在，真理的意义形态则体现为"非遮蔽"内涵。"自由"通过叙事所显现的可能性揭示了人作为"在历史中存在"的存在者所具有的存在意义，"自由"也在叙事所展现的历史可能性中彰显了"真理"所蕴含的"非遮蔽"的意义内涵。

在以《词与物——人文科学考古学》为代表的福柯思想发展的第二阶段中，本书以"科学、隐喻与自由"为主题探讨福柯思想中的自由问题及其体现形态。本书参照海德格尔在《形而上学导论》中关于形而上学的论述，以利科《活的隐喻》为主要参照文本，建构基于隐喻的形而上学分析框架，将形而上学分析框架运用于《词与物——人文科学考古学》，分析科学的形而上学预设及其隐喻特征。同时，本书将语用学运用于知识生产的话语实践，揭示知识生产的实践内涵，将福柯关于科学的论述与费耶阿本德在《反对方法》中的相关研究进行比较，以进一步突出福柯思想的意蕴内涵。在以上研究的基础上，本文得出结论：福柯在《词与物——人文科学考古学》为代表的阶段，将自由视为"通过隐喻而可能的自由"。在隐喻中，作为可能性的自由为自身获得了形而上学规定性。在此阶段，人的存在意义展现为"在世界中存在"，真理的意义形态则体现为"非合成"特征。"自由"通过隐喻所具有的可能性展现了人存在于以隐喻话语形态所指向的世界形象之中，"自由"也在隐喻中展现了真理所具有的"非合成"的意义内涵。

　　在以《规训与惩罚——监狱的诞生》为代表的福柯思想发展的第三阶段中，本书以"权力、象征与自由"为主题探讨福柯思想之中的自由问题及其体现形态。本书参照沃林的著作《存在的政治》的相关论述，以利科《恶的象征》为主要参照文本，构建基于象征的政治—权力分析框架，将政治—权力分析框架运用于《规训与惩罚——监狱的诞生》，分析福柯的权力理论及其象征形态。同时，本书将语用学分析运用于规训实践分析，呈现规训实践的意义内涵。本书将福柯的权力理论与迈克尔·曼在《社会权力的来源》中的相关论述进行了比较，从而进一步突显福柯理论的意蕴内涵。在以上研究的基础上，本书得出结论：福柯在《规训与惩罚——监狱的诞生》所代表的阶段，将自由视为"通过象征而可能的自由"。在象征中，作为可能性的自由为自身获得了合法性依据。在此阶段，人的存在意义展现为"为他存在"，真理的意义体现为"直接"的特征。"自由"通过象征所具有的可能性展现了以权力关系所体现的人与他者共同存在的生存特征，"自由"通过象征所具有的可能性也彰显了"真理"所指向的"直接"特性。

　　在以《性经验史》为代表的福柯发展的第四阶段中，本书以"自我、审美与自由"为主题探讨福柯思想中的自由问题及其体现形态。本书参照收录于海德格尔论文集《林中路》中的论文《艺术作品的本源》，以杜夫海纳的《审美经验现象学》为主要参照文本，建构基于审美的艺术作品本源分析框架，将艺术作品分析框架运用于《性经验史》，分析福柯的生存美学及其审美意蕴。同时，本书将语用学分析运用于关注自我的实践形式，展现关注自我的内在价值。本书将福柯的生存美学理论与米德在《心灵、自我与社会》中所阐释的自我理论进行了比较，从而进一步彰显福柯理论的内在意蕴。在以上研究的基础上，本书得出结论：福柯在以《性经验史》为代表的阶段，将自由视为"通过审美而可能的自由"，在审美中，作为可能性的自由为自身获得了生存论依据。在此阶段，人的存在意义展现为"自为存在"（being in oneself），真理的意义形态则展现为"非变化"特征。"自由"通过审美所具有的可能性为人对自身的认同指明了方向，同时通过审美所具有的可能性也彰显了真理所蕴含的"非变化"特征。

1.6 福柯、哲学与人的存在：本书创新之处

本书从总体上建构了福柯政治伦理思想的理解框架，相对于以往研究，具有一定的探索意义和创新价值。以往对于福柯政治伦理思想的研究，往往把福柯政治伦理思想划分为不同的方面，对福柯政治伦理思想的每一方面进行具体刻画，虽然对于我们理解福柯政治伦理思想具有重要的参考价值，但无法完全反映福柯政治伦理思想的整体面貌和内在线索。本书以"自由"问题为主题，以科学、权力与伦理为主线，揭示了福柯政治伦理思想四个阶段之间的内在联系，使从总

体上理解福柯政治伦理思想成为可能。福柯政治伦理思想从总体上展现了在"人的存在"不同维度中"真理"所呈现的不同形态以及"自由"的可能性。这一结论是本书基于新的视域、层面和方法所得到的新结论。

本书以研究福柯政治伦理思想为契机，丰富了对于哲学自身的认识，相对于以往研究，具有一定的创新价值。从福柯政治伦理思想出发，我们可以对以往关于哲学自身的认识进行再思考。我们可以认识什么？"自我"。我们应该如何行为？"关注自我"。我们可以相信什么？"真理"。人是什么？"自由"。这是我们借鉴福柯政治伦理思想，可以做出的关于哲学自身意义的回答。福柯政治伦理思想并不承诺会提供终极真理，但福柯政治伦理思想开启了对于哲学自身意义进行反思的新的可能。

本书以福柯政治伦理思想为理论依据，深化了对人的存在的理解，相对于以往研究，具有一定的创新价值。福柯政治伦理思想以"生存美学"为"自我主体化"建构价值取向，在此过程中，人被视为具有"艺术品"的存在特征。人的存在以"艺术品"的形式彰显自身的意义与价值。"艺术品"既包含艺术家的创造经验，也包含观赏者的审美经验。"人的存在"也同时呈现创造者和欣赏者的双重特征。"人的存在"所具有的意义，一方面在于人以"主体化"方式为自身开辟生存道路，在不同的道路选择中显现存在的意义；另一方面在于人的"主体化"方式需要其他"主体化"过程的参与才能实现。"主体化"过程体现为相互交织的共同"主体化"形态。"艺术品"成为"人的存在"的永恒象征。"人的存在"在"美"中成就自身。

第 2 章　疯狂史的叙事分析
——疯狂、叙事与自由

非理性代表着人之处境，拒绝它，就是永远放弃用合理的方式使用人的理性。因为，如果理性真的存在，那它就是去接受由智慧和疯狂所连成的环节，就是要清楚地意识到两者间的相互性和不可分离。

——［法］米歇尔·福柯：《古典时代疯狂史》

2.1　"存在与时间"：此在与历史性

尽管对于"理性"有不同理解，"理性"仍然是政治伦理思想中的核心概念。不同的政治伦理思想都可以在不同意义的"理性"之上为自身确立存在的基础。在福柯政治伦理思想中，"理性"也具有重要地位。不同于以往的政治伦理学说，福柯并不将自身政治伦理思想的正当性建立在理性基础之上。恰恰相反，他把政治伦理思想奠基于对"理性"的解构之上。正是在对"理性"所进行的批判之中，正是在对"理性主体"产生过程的历史叙事分析之中，福柯为自身的政治伦理思想确立了基础，尽管这更多体现在否定意义上。

福柯对于"理性"的分析集中体现于《古典时代疯狂史》之中，这本著作是福柯思想第一阶段的代表性著作。在这本著作中，他致力于对疯狂史的叙事分析，借以展现理性主体的建构过程及其与疯狂的内在联系。福柯对于"疯狂"的分析建立在将"人的存在"置于历史之中的基础之上，展现了"人的存在"所具有的"在历史中存在"的生存维度。人作为"此在"，与"历史"相互联系。对"此在"与"历史"之间的相互关系的理解，构成了我们理解福柯关于疯狂史叙事分析的前提条件。

人作为"此在"，需要领会"存在"的意义。人并不是首先"存在"，然后再选择自身存在的意义。人以对"存在的意义"有所领会的方式"存在"。在"此在"对"存在的意义"有所领会的过程中，"历史"发挥着特殊重要的作用。"此在"与历史性是紧密联系的，这种联系奠基于"时间性"基础之上①。时间性与历史性相比，时间性在存在论意义上先于历史性，历史性奠基于时间性并因时间性而呈现自身的意义。

时间性可以从本真的生存活动的方式中进行揭示，本真的生存活动的方式可以通过先行的决心加以刻画，进而实现对此在的历史性阐释。决心是此在的自身筹划，并由良知加以见证，是此在本真的展开状态。在决心所呈现的生存论建构过程中，此在进入其生存处境。此在通过决心所实施的自身筹划，也同时意味着此在处于愿有良知的

---

① 海德格尔，存在与时间（M），陈嘉映、王庆节合译，3 版．北京：三联书店，2006，426—427 页。

生存论结构之中。在愿有良知的生存论结构中，此在领会了良知的召唤，良知是植根于此在根基处的存在方式。经由决心以及愿有良知的生存论建构，此在使本己存在对其自身成为可能。

此在就其存在方式而言，是向死存在的。它作为操心，就是"之间"。此在在向死存在的存在方式中体现其"将来"的特征，其在"生"的开端处、在向能在的生存论筹划中呈现源始地曾在。命运使曾在、现在、将来在生存论的建构中实现统一，时间性是命运自身可能性的可能性条件。本真的历史性则蕴含于命运之中、奠基于时间性之上。

历史性源于此在本真的向死存在，也即时间的有终性。由此，时间性是此在历史性的隐蔽的根据。基于如此理解的历史，历史的重心就不在于对过去之事的阐释或对过去与现在之间联系的揭示，其重心在于展现"生存的意义"。历史性对于历史事物的关注源于历史性扎根于将来的特征。向死存在使存在意义的展现只有在与曾在的对话中才具有可能性，因为对于此在，"死"属于将来而尚未在。对于曾在，"死"曾在。这是在这一意义上，历史才赋予曾在状态以优先地位。

命运在决心中将"此"传承于此在的"当下即是"。此在作为共在，命运在将此在传承于"此"的同时，天命作为奠基于命运、此在共他人存在的演历而呈现。天命以遗业的形式在重演中展开，此在从重演中领会自身的历史性。命运标识此在的源始演历，天命重演遗业而呈现历史性。此在在领会以自身命运为根基的重演中体会自身的历史性，演历本身的根据则在于此在以绽出的方式敞开。命运与天命在此在中实现统一，演历与历史性在时间性的基础上呈现。此在的时间性为历史性向自身展现确定了根基。

在此在对自身存在意义的先行领会中，决心标志着由良知加以见证的本真的展开状态，演历标志着此在自身在"生"与"死"之间的伸展，决心与演历共同构成了作为此在生存方式的命运的存在论环节。此在作为共在使天命奠基于命运之上、并在重演中被此在所领会，此在在重演中领会自身所具有的历史性。此在的历史性在生存论上的根据在于此在自身所具备的时间性存在特征。

关于历史性的分析，为我们从此在自身直接领会历史性展示了生存论上的可能性。诠释学视角为我们理解历史性提供了另一种分析途径，"经由理解他者的迂回而对自身进行理解。"① 生存论分析对我们理解历史性具有重要的参照价值，但却缺乏具体的方法指引。诠释学则使我们能够在阅读的过程中实现理解，借助于理解他者的途径而达到对自身的理解，在叙事的领会中把握历史的内涵，并在历史性的反思中彰显存在意义本身。

2.2 "叙事与时间"：历史、虚构与叙事

历史本身就是作为"叙事"形态而存在的。对于历史而言，并不存在纯粹的"事实"，也并没有孤立的"陈述"。"叙事性"与"历史性"是相互所属的②，我们不能脱离叙事来理解历史，正如我们也无法在忽略历史因素的条件下理解叙事。

---

① 利科.解释的冲突（M）.莫伟民.译.1版.北京：商务印书馆，2008，18页。
② 利科.诠释学与人文科学——语言、行为、解释文集（M），孔明安、张剑、李西祥，译.1版.北京：中国人民大学出版社，2012，238页。

在历史中存在着叙事与说明的差异。但叙事与说明并不是相互对立的两种探讨历史问题的方式，而是相互协同共同发挥作用的。同时，叙事与说明的地位也不是完全同等、毫无差异的，叙事优先于说明，并使说明得以实现自身的功能。叙事形成了说明的功能得以实现的"外部环境"，说明只有在被整合进"叙事"的过程中才能发挥自身的功能。历史在其自身中呈现出文学与现实再现的双重属性。对历史的分析与对文学作品的理解相类似，叙事成为我们理解历史与文学作品相互联系的关键线索。在文学作品中，叙事具有虚构的特征。在历史理解中，叙事具有隐喻的功能。

虚构奠基于模仿，而"模仿是一种现实的隐喻"[①]。在模仿中，现实被激活，虚构叙事是模仿的形式体现，虚构通过规定新的理解而创造和再造现实，并使现实以这样和那样的方式呈现出来。与此相联系，任何对现实的理解也包含着虚构的成分，现实的呈现方式在通向理解的路途中为虚构敞开了可能性。

历史不是等待发现的"纯粹事实"。历史中的叙事结构植根于我们当代的价值关注。当我们试图在当代视域中"发现"历史时，历史的叙事呈现生产性想象的特征。历史探讨以追求客观性为自身的目标；客观性自身却奠基于我们所身处的"生活世界"之中、奠基于超越论的主观性之上。正是主观性这一根源，使客观性方法与虚构之间处于联系之中。虚构的作用在于产生新的理解，以便"发现"历史。虚构使历史本身不仅仅呈现为孤立的事件，而是具有完整情节的叙事结构。情节设置使单独的历史陈述获得意义呈现。虚构如

---

① 利科.诠释学与人文科学——语言、行为、解释文集（M），孔明安、张剑、李西祥，译.1版.北京：中国人民大学出版社，2012，256页。

同诗歌在体现普遍性的东西时所发挥的功能。借助于模仿与情节，虚构使自身具有了历史的现实主义意向。历史与小说分享着共同的叙事结构，历史通过叙事、借助于情节设置与生产性想象展现意义，使我们在参照历史理解自身时获得通向可能性的路径。而小说在叙事与模仿中，在虚构中借助于情节设置呈现人们的行为选择，从而开启新的理解形式。历史属于叙事的特定类型，叙事与时间存在着意义关联。

　　叙事涉及模仿，模仿可以分为三个阶段，分别用"模仿 1"、"模仿 2"和"模仿 3"加以表示。模仿 1 被称为"预塑形"，模仿 2 被称为"塑形"，模仿 3 被称为"再塑形"。模仿 1 是指在叙事和理解过程中对人类行为的"前理解"过程，即任何叙事与理解不是在空白的基础之上，而是建立在"已经理解"的基础上。我们只能通过理解而理解，而不是从无到有实现理解的过程。"前理解"具有三种具体形态："语义性理解"、"象征性理解"和"时间性理解"。模仿 1 是"叙事的前理解。"[①]

　　模仿 2 形成了通向"仿佛的王国"或"虚构的王国"的路径。借助于模仿 2，偶然的事件被整合为统一的故事情节。情节设置把行为人、目标、途径、互动、情境、非预期的结果等因素构建为整体。模仿 1 与模仿 2 在时间维度上相互联系[②]。在"模仿 2"中，故事情节的各种要素得以整合，这也暗示着把读者整合在内的可能性，这一可能性在模仿 3 中得到体现。

　　"模仿 3"使"文本世界"与"读者世界"相互作用，"将文本世

---

① Karl Simms（2003），Paul Ricoeur，Routledge：London and New York，84.

② Karl Simms（2003），Paul Ricoeur，Routledge：London and New York，85.

界应用于现实世界"①。理解与模仿并不停留在文本层面，世界本身具有文本的特征。"通过发明来发现事实"②，文本世界与现实世界之间不是两个相互独立的世界，两者共同构成了完整的"诠释学循环"（the circle of hermeneutics）。

模仿的三阶段为我们理解叙事奠定了基础，同时也将文本世界与读者世界的内在联系引入我们的视野。文本诠释和阅读包含着三重阶段，形成完整的过程：理解（understanding）、说明（explaining）和应用（application）。应用是文本诠释和阅读的目的所在，但是基本的理解使整个过程得以展开并从一个阶段推进到下一阶段。阅读的三过程与模仿的三阶段是相互对应的，在模仿1（预塑形）中，理解的前理解结构得以确定。在模仿2（塑形）中，说明通过情节设置而得以呈现。在模仿3（再塑形）中，应用体现于文本世界与读者世界的互动之中。

历史与叙事之间的相互归属关系，为我们分析福柯的《古典时代疯狂史》开辟了新的可能路径。福柯对于疯狂的分析采用了历史叙事的形式，借助于历史叙事，他揭示了疯狂被界定的历史过程，为我们理解疯狂的历史意蕴指明了方向。福柯对于疯狂的探讨，目的并不仅仅在于揭示疯狂得以形成的历史条件，其意义更在于为我们理解"理性"自身提供另一种可能。

---

① Karl Simms（2003），Paul Ricoeur，Routledge：London and New York，85.

② 范胡泽著.保罗·利科哲学中的圣经叙事——诠释学与神学研究（M）.杨慧译.1版.北京：中国人民大学出版社，2012，13页。

2.3 疯狂与理性主体：疯狂的历史叙事分析

2.3.1 权力话语中的疯狂叙事

自从古希腊哲学以来，"人是理性动物"在西方哲学传统中几乎成为不容置疑的理论前提，虽然不同的哲学流派对于理性的理解大相径庭。福柯的分析向我们表明，理性自身的界定是与疯狂的界定相伴随的。当疯狂在历史语境中通过被逐步隔离和排除而得以确定自身意义时，理性的具体内涵也逐步得以澄清。疯狂与理性的产生过程是同一过程的两个方面。如果我们无法理解疯狂，我们也就无法理解理性自身。

福柯对于疯狂的分析，预示了理性作为人之本质的消亡。疯狂本身是历史建构的结果，理性也同样如此。理性并不构成人之为人的本质。这使我们联想起福柯著名的"人之死"命题。其实，福柯宣告的"人之死"是作为理性主体的人的消亡，代之而起的将是对人自身历史根据的明确认识。如果要理解福柯所阐释的疯狂史，我们需要在历史叙事的基础上，去把握疯狂与理性的内在关联。

《古典时代疯狂史》中讨论的主题无疑是疯狂与理性，但当我们试图去理解疯狂时，我们却要从"麻风症"开始。之所以如此，是因为从叙事理论角度而言，"麻风症"可以发挥确定"前理解结构"的功能。"麻风症"构成了"疯狂"的"预塑形"（模仿 1），我们通过理解"麻风症"能够说明"疯狂"。

历史叙事与文学叙事（虚构叙事）同属于"塑形"（模仿 2）活动，历史叙事也往往借鉴于文学叙事的情节设置。疯狂的历史叙事从文学作品《疯人船》开始[①]，这也许与通常意义上历史的客观性与现实性有所冲突。当我们明确任何历史叙事都具有与虚构交织的特征后，以上的疑虑也许就不会过多困扰我们。"疯人船"为疯狂的历史叙事提供了"最单纯、亦是最具象征性的形象"[②]，使"麻风症"所具有的"排斥"与"回归"的历史叙事，在疯狂的历史叙事中以文学形象得以呈现。

"疯人船"所具有的叙事意义和"塑形"功能体现为"疯人的航行，既是严格的划分，同时亦是绝对的过渡"[③]。"疯狂"的历史叙事所具有的意义内涵，在以上论述中得以明确呈现，一方面，"疯狂"本身是社会建构的结果，反映了对疯狂处境的社会焦虑，疯狂处于隔离之中和门槛之外，处于"外部的内部"或者相反的情况。另一方面，疯狂之所以被隔离，其意义在于秩序的实现，这进一步体现了历史叙事与文学叙事之间的差异，疯狂的历史叙事试图通过"塑形"指向"再塑形"，通过"虚构世界"指向"现实世界"。社会建构的疯狂之所以被设置，目的在于实现有效的秩序，叙事的时间范围也从过去延伸到今天，不同的只是形式的变化。过去秩序的实现是依靠有形可见的堡垒，而现在秩序的实现则依靠我们意识中的堡垒。

关于"疯人船"以及疯子的航行为何出现在 15 世纪左右，这成为叙事主题，疯狂本身构成了世界与人自身历史叙事的重要情节。在疯狂的故事中，世界与人的意义被讲述。疯狂主题在历史叙事中的出

---

① 福柯明确指出，"《疯人船》显然是一部编纂而成的文学作品，而且无疑有借用古希腊阿尔戈号远航队古老史诗之处。"（见以上《古典时代疯狂史》中译本，12 页。）

② 福柯.古典时代疯狂史（M），林志明译.1 版.北京：三联书店，2005，9 页。

③ 福柯.古典时代疯狂史（M），林志明译.1 版.北京：三联书店，2005，17—18 页。

现并不是凭空产生的，而是取代"死"的主体而出现的结果。疯狂与死同属于"存在"意义的历史叙事，是"存在"意义借以呈现的不同主题。不同主题的转换不代表断裂，而是同一叙事结构的情节转换。

疯狂叙事自身呈现为对立模式："宇宙性的体验"与"批判性的体验"[①]。宇宙性的体验使人类自身以及理性自身的有限性在叙事中呈现，对于宇宙整体而言，人类的理性就是疯狂的体现。批判性的体验使人性的缺陷得以呈现，人性的缺陷和道德的缺失使人类在理性面前成为批判的对象。疯狂的两种体验在历史叙事中并不是平行发展的，而是宇宙性体验不断被遮蔽、批判性体验不断被凸显的叙事过程。在这一过程中，16世纪批判性体验在疯狂的历史叙事中建立其自身的特权，使疯狂的悲剧性体验逐步消散。这一过程是通过两个阶段实现的，在第一阶段，"疯狂成为一种和理性相关的形式"[②]。借助于把理性与疯狂直接联系的叙事话语，疯狂的宇宙性体验与悲剧性因素被遮蔽。疯狂只有借助于理性才能界定自身，从而疯狂也融入理性的叙事话语之中，尽管疯狂本身还没有完全成为理性的附属品，因为理性的界定也恰恰需要疯狂的指涉。

在第二阶段，疯狂丧失了独立的叙事意义，沦落为理性的附庸，"它被整合于理性之中"[③]。在这一叙事过程中，理性成为疯狂的判断依据、意义源泉和最终归宿，疯狂只有在理性的叙事结构中才拥有自身的角色与地位。疯狂失去了自己的悲剧性因素，而得到了在叙事结构中的批判性地位。于是我们获得了疯狂的真相，"疯狂的真相就是理

---

① 福柯.古典时代疯狂史（M），林志明译.1版.北京：三联书店，2005，40页。

② 福柯.古典时代疯狂史（M），林志明译.1版.北京：三联书店，2005，45页。

③ 福柯.古典时代疯狂史（M），林志明译.1版.北京：三联书店，2005，50页。

性的胜利"①。疯狂的真相在理性叙事话语中获得了自身的合理性的依据，疯狂只有作为理性内部的证明因素而具有价值。理性依靠疯狂来证明自身，疯狂只有在证明理性作用的过程中才显现出自身存在的意义与价值。

疯狂的古典体验在15世纪疯狂叙事的背景中得到自身的叙事结构。在15世纪疯狂叙事中所蕴含的悲剧性意识被消减而趋于消失，批判性意识成为疯狂古典体验的主导意识形式。与之相对应，疯狂也成为理性的伴随形态而失去自身的独立性。由于叙事结构的转换，疯狂叙事的情节结构也发生了转变，疯人船不再是疯狂意义象征性叙事的典型载体，医院成为古典疯狂体验新的叙事情节载体。疯人船与医院在叙事结构中的变换，也意味着疯狂体验呈现出不同的意义内涵。在通向禁闭的叙事情节中，禁闭是重要的情节转换环节。它标志着与疯人船的消失相联系的情节延续，也为医院的出现做了情节铺垫，并揭示了以监禁和排除形态体现的疯狂体验形态。

当我们试图理解古典疯狂体验的意义时，监禁与禁闭的叙事意义将成为我们必须分析的叙事结构，这是古典疯狂体验"塑形"阶段的核心环节。从对疯狂的监禁而言，疯狂的监禁明显不是出于医疗的目的，而是和维护特定的社会秩序相关。疯狂本身的叙事意义也就在秩序的实现过程中得以显现，其实现方式是源于区分与隔离的监禁。

与关于"疯人船"的讨论类似，麻风院也构成了理解监禁的"预塑形"阶段，形成了监禁理解的"前理解"结构。麻风院所呈现的意义是多方面的，监禁也具有类似的意义构成。疯狂与监禁不能单纯从医疗层面确定自身的意义，而要联系古典世界的本质结构，在与政

---

① 福柯.古典时代疯狂史（M），林志明译.1版.北京：三联书店，2005，54页。

治、社会、宗教、经济和道德的整体关联中确定自身的叙事意义。作为疯狂的仪式与体验结构，监禁的意义在与以上各种不同的叙事主题的交织中得以呈现。

疯狂在中世纪和古典时期的意义形成了鲜明的对比，这一对比也进一步彰显了监禁的叙事意义。监禁在 17 世纪整个欧洲是一个大量出现的事实，监禁被作为"公共秩序管理"问题加以对待，和医疗上的考虑完全无关。这也进一步说明束缚于监禁叙事的疯狂与医疗发展在古典时期并没有直接联系。在监禁的叙事意义中，疯狂并不占有特殊的位置，疯子也只是需要解决失业问题的一类穷人而已。

在监禁的经济与道德话语中，疯狂被建构为游手好闲的体现形式之一，被认为脱离了应有的工作律则。疯狂也出现在收容所所代表的社会空间之中。疯狂被认为从属于道德领域，而不是医疗领域。疯狂通过以监禁形式体现的行政体系加以治理就成为顺理成章的社会选择。疯狂自身所具有的差异性与独特性在道德话语中被淹没于游手好闲之中，被游手好闲的同一性所吸收。

监禁的叙事意义在中世纪的"前理解"结构和"预塑形"过程中得以呈现。监禁的意义在于建立人的理想城邦，而监禁则成为"治安"的象征方式。借助于监禁，秩序与美德得以协调，而疯狂则被视为对秩序的威胁、对美德的侵犯，因而需要以监禁的方式加以治理。"监禁体制是 17 世纪特有的制度创造。"① 疯狂的叙事意义在监禁体制的语境中以伦理价值的形式被社会感知。疯狂自身在中世纪时的宗教背景的"预塑形"中、在监禁体制的"塑形"和叙事中、在社会秩序建构所代表的"再塑形"过程中形成了完整的叙事过程。

---

① 福柯.古典时代疯狂史（M），林志明译.1 版.北京：三联书店，2005，119 页。

禁闭对于古典时代的理性体验具有重要意义，疯狂的被禁闭与理性的纯粹主宰地位在古典时代成为叙事意义呈现中相互联系的情节设置。脱离开一方，另一方的意义无法得到完全理解。理性与疯狂以及理性与非理性之间的划分在古典时代以对疯狂和非理性的制度性强制禁闭而得以实现。理性与疯狂的叙事意义使理性自身的界限得以呈现，理性自身是社会意义叙事产生的结果，并不具有自明性和首要性。理性意义的呈现必须借助于疯狂与非理性的叙事才能得以完成，脱离疯狂与非理性，理性意义也同时将失去根据。

借助于权力话语，理性主体得以在禁闭疯狂的基础上建构自身，理性主体建构自身是与理性的纯粹主宰地位相一致的。理性主体在权力话语中通过将疯狂驱逐于社会之外而为自身确定依据。当社会话语形式发生改变时，理性主体建构自身的方式也会发生改变。在不同的话语背景下，理性主体通过不同方式实现自身与疯狂的相互区别，并为自身建构基础。

2.3.2 科学话语中的疯狂叙事

在古典时代中，17世纪的疯狂体验以监禁为其主要的社会制度背景，18世纪的疯狂体验则被置于以理性为语境的知识体系之中。理性主体在科学话语中将疯狂区别于自身，并为自身确定根据。在18世纪的疯狂叙事中，疯狂对理性处于依赖关系、疯狂作为理性知识的认识对象得以呈现。在理性的话语中，疯狂自身的独立地位逐渐消失。

疯狂在18世纪的话语语境中存在于"有理者结构"与"合理者结构"的双重结构之中。在"有理者结构"中，"它是理性的完全缺席"①，因此疯狂可以被立即感知。在"合理者结构"中，"在理性的注视之下，疯狂乃是独特的个体性"②。疯狂在此双重结构上使自身具有的道德上的负面价值和认知意义上的正面价值合而为一。在这一过程中，在对疯狂与疯人的排斥过程中，对疯狂与疯人的正面认知描述在排斥所形成的空间中得以形成，这使关于疯狂的知识话语成为可能。

以 17 世纪疯狂的监禁叙事为"预塑形"，18 世纪疯狂的理性叙事得以完成。在疯狂的理性叙事过程中，非理性在理性叙事中也获得了其"再塑形"，这体现为非理性的双重情节设置之中。如果我们对此加以概括，我们可以说非理性只是理性的缺失，但其自身却具有理性的逻辑。疯人只是对具有理性的人而言是疯人，对其自身却不是疯人，而是理性之人。

18 世纪疯狂知识的话语形态以分类学者的实践为代表，关于疾病的分类则是以植物学的叙事形态为其结构。作为疾病的疯狂，在 18 世纪的知识话语中，理性及其秩序的形式获得了意义呈现。理性与秩序构成了理解疯狂的"预塑形"与"前理解结构"，疾病则在这一结构中以分类形态获得自身的叙事情节和叙事意义。

分类特征构成了理解作为疾病的疯狂的叙事线索，疯狂在全体疾病所共同构成的叙事空间中呈现意义。它以其自身的内在情节设置为自身提供叙事结构与意义类型，同时它的叙事结构与类型要以理性形式和秩序形态能够为社会所理解，在理解过程中疯狂自身的"塑形"过程得以实现。在理性与秩序的叙事结构中，疯狂被赋予"自然"所带来的"本性"，借以形成自身的区分原则。"自然"的叙事意义则呈

---

① 福柯.古典时代疯狂史（M），林志明译.1 版.北京：三联书店，2005，269 页。
② 福柯.古典时代疯狂史（M），林志明译.1 版.北京：三联书店，2005，269 页。

现为全体疾病构成的整体在植物界秩序的隐喻下所形成的叙事空间。特定的植物来源于植物界，与其他植物共同构成了植物界的整体，并在植物界的秩序呈现中显现自身与其他植物的区别。疯狂则源于全体疾病构成的"自然"，与其他疾病共同构成了"自然"空间，并在自然空间的整体秩序中呈现自身与其他疾病的区别，并进一步显现自身内部的区分。以上叙事意义的呈现，使疯狂进一步从属于理性的分类话语之中。

作为疾病的疯狂，在理性叙事结构中探求疯狂的意义内涵，最终也只能获取自身的理性叙事形态，疯狂在理性的叙事形态中取消自身。那么疯狂与非理性是否可以探求？疯狂与非理性的直接叙事是否可能？疯狂与非理性无法在理性叙事中成为在场的意义呈现，在理性的叙事中疯狂永远"缺席"。但疯狂的"缺席"具有正面的叙事意义，一方面疯狂为理性开辟新的叙事可能性与情节可塑性，引领理性在叙事中不断完善自身的意义呈现。另一方面疯狂为理性设定了情节范围与叙事界限。理性在其叙事结构具有意义，当它遭遇疯狂时，疯狂将成为理性叙事的意义界限。

疯狂的意义在不同的叙事环境中具有不同的意义指涉，我们现代意义上的"精神病"并不能涵盖古典时期的疯狂知识形态，而是以其为自身由之而来的"前理解结构"和"预塑形"过程。在古典时期，疯狂的知识同时指涉肉体与心灵，疯狂所身处的世界则是肉体与心灵所共同意指的事物。在古典时期，对疯狂的知识话语的探究以因果方式呈现。在导致疯狂的原因中，"近因"与"远因"共同组成了理解疯狂知识话语的因果线索。

在古典时期，肉体在疯狂知识中具有特殊地位。肉体在线性因果体系中使古典时代的疯狂话语围绕脑部展开叙事情节，将疯狂设置为脑部异变的因果叙事情节之中。肉体在"远因"的叙事环节中，则呈现为"敏感性的秘密统一体"，在这一统一体中，外在世界以多样化的形态穿插于疯狂知识的整体叙事之中，疯狂在以世界为背景的叙事情节中展现意义。

激情与疯狂，场景与叙事，在古典时代的知识话语中相互碰撞。激情为疯狂预设场景与空间，使疯狂的叙事意义具有展现的叙事环境。而疯狂则以自身意义体现激情所预设空间的必要性，但疯狂的叙事意义又不断突破激情所设定的空间与情境，最终使激情本身所预设的情境成为质疑的对象。这再一次体现了疯狂叙事所具有的"在场"与"缺席"之间的意义关联，激情试图以有形的叙事直接表现疯狂，而疯狂则在激情的叙事中不断远离，预示着自身"非存有"叙事意义。

疯狂的展现形式以循环的方式展现，以有形的形式与无形的形式展现，即个别现象与疯狂自身的形式展现，以肉体—心灵形式和语言—形象形式展现，即在文法和心理学领域同时展现。疯狂的展现形式与自身相一致，却又超出所有疯狂的个别现象，疯狂又具体存在于个别现象之中。疯狂的展现形式与疯狂自身形成了"诠释学循环"形态的意义结构。在循环形式中，疯狂的真相在沉默超越中诉说自身，疯狂的知识在意义叙事中被得以组织。

疯狂知识的叙事使"秩序的类别"、"严谨的机制"、"清晰可见的语言"得以建构，疯狂知识的叙事使理性将作为理性否定形态的疯狂纳入自身的话语系统之内成为可能。但在疯狂知识的叙事之中，疯狂只展现"疯人的各种独特类别"，疯狂自身却处于"永久的退隐之中"。疯狂自身在疯狂知识的叙事话语中是无法达到的，我们只能在理性范围之内把握疯狂在疯人上具体展现的存在形态。古典体验之所以呈现以上特征，原因在于疯狂是作为非理性而加以理解的，而非理性则被视为"眼花目眩的理性"①。当我们试图以理性为基础而在叙事中把握非理性时，作为非理性的疯狂以理性的形式而展现自身更变得不可理解了。

监禁体制与疯狂知识的叙事功能是类似的，两者的共同目的在于指出疯狂的本质。两者的不同之处在于监禁体制将疯狂的本质展示为无，并在显示疯狂的同时消除了疯狂的存在，而疯狂知识的叙事则在于将疯狂视为非理性的表征，在将非理性视为"眼花目眩的理性"过程中试图用理性的形式把握疯狂。监禁体制与疯狂知识共同向我们展示了疯狂本质的建构性特征，疯狂的本质不是作为疯狂自身所固有的规定性而等待发现，疯狂的本质是在历史叙事过程中得以呈现的。我们不是发现疯狂的本质，而是在叙事的过程中，通过意义创造而显示出疯狂的本质规定性。

疯狂本质的创造过程与理性主体建构自身的过程是内在一致的。当我们在不同的历史叙事中赋予疯狂以不同的本质特征时，理性主体的自身依据也随之确定。在权力话语中，疯狂被作为兽性的标志、以驱逐和监禁的方式被隔离于社会之外，理性主体以权力为基础构建自身的历史根据。在科学话语中，疯狂被作为理性的异化形态和疾病的标志而被置于科学的审视之中，理性主体在将疯狂置于科学话语的过程中为自身确定根据。不同的历史话语为疯狂赋予了不同的叙事角色，不同的历史话语也为理性主体确定了不同的内在根据。

---

① 福柯.古典时代疯狂史（M），林志明译.1版.北京：三联书店，2005，352页。

2.3.3　道德话语中的疯狂叙事

疯狂知识的话语试图以对象形式从外部对疯狂进行认知，疯狂异化则使理性在拥有疯狂的同时，使理性自身"异化"。"疯狂异化"的过程是从理性对疯狂的证明开始。在此，理性并不把疯狂置于单纯的认识对象的地位，而是把疯狂统摄入自身，换句话说，就是理性依靠自身来规定疯狂。"疯狂异化"使疯狂直接为理性所规定和证明。"疯狂异化"的同时，理性自身也遭到异化，"理性便是在拥有非理性的过程中，遭到异化"[①]。

18 世纪中期出现的新的恐惧为我们理解"疯狂异化"提供了新的叙事背景，这种新的恐惧与之前的麻风病记忆相联系。人们在过去把麻风病人驱逐到与社会距离最远的地方而排除麻风病对社会的威胁，非理性曾经一度取代了麻风病的位置而遭到社会的排斥。在 18 世纪中期的叙事背景下，隔离非理性的地域自身被想象成疾病的源泉，隔离地域不再是保障社会安全的场所，而是人们所想象的疾病的发源地。非理性于是由于不能被有效地隔离而再度出现，非理性由于以"疾病的想象印记"的形式而出现，因而具有"恐怖的力量"，也因此才会带来"大恐惧"。

对于疗养院的构想，只有在新的恐惧所形成的叙事背景中才能得到理解。疗养院的诞生并不只是出于人道主义的考虑，而是出于对非理性和疾病想象的担忧。对于疯狂与非理性而言，人们一方面希望将其隔离，另一方面又不希望隔离区域成为新的发源地。对于新的"疗养院"的构想，交织着"道德"和"医学"的双重维度。疯狂与非理

---

① 福柯.古典时代疯狂史（M），林志明译.1 版.北京：三联书店，2005，491 页。

性的叙事一直围绕着不同的主线，道德与医学一直都是围绕疯狂与非理性的主要叙事线索。道德的考虑试图驱除疯狂与非理性，医学的认知则试图去理解和把握疯狂与非理性。正是在不同叙事主线的共同作用下，疯狂与非理性的体现形态呈现出多样性特征。

18世纪末，非理性与疯狂之间出现了明显的叙事差异。非理性与疯狂的区分在于非理性体现为"时间之源"，因而处于时间之外并赋予时间以根据。在此意义上，非理性是"反时间"的代表者。而疯狂则被建构于"自然和历史的发展"之中，被描述为由自然和历史的特定因素所决定的现象。非理性构成了向意义源头的"无条件回返"，是"绝对的沉潜"。疯狂则以"历史编年"的形态展示自身意义。在疯狂的历史叙事中，疯狂处于与自由、宗教和时间以及文明和感性等因素的相互联系之中。

从疯狂与自由的关系而言，在自由的环境中，商业自由成为疯狂的决定因素之一，原因在于商业自由使他人和金钱成为个人判断自身的绝对外在尺度。人判断自身的内在尺度则体现为"激情和未竟欲望"，这也同样使人远离自身的真相。商业自由隔离了人与其自身本质、人与自身生存于其中的世界之间的内在联系，构成了"中介环境"，从而导致了人陷入疯狂。自由本身也许不应成为批判的对象。但在商业自由中，导致人疯狂的"身心机制"却能得到不断的促进和发展。

从疯狂与宗教和时间的关系而言，宗教信仰所带来的虚幻、宗教道德所提出的要求以及对拯救和来世的担忧，使信仰者经常易于处在忧郁的状态之中。在这种心理状态下，信仰者更容易陷入疯狂之中，宗教成为疯狂的影响因素之一也就不难理解了。从时间因素而言，宗教使当下具有永恒的意义，同时也使当下陷入"空虚的环境"。个人在当下中失去依托而陷入"无人援助"的境地。

从疯狂与文明和感性的关系而言，文明的发展伴随着科学的进步与精神生活的发达。这些在文明发展的初级阶段不会普遍存在，但文明的发展也为疯狂创造了有利的条件。科学成为日益占主导地位的话语，为科学而献身甚至可能被认为是崇高的价值体现。这使沉迷于研究活动，甚至陷入疯狂的状态成为可能。过度发展的精神活动，不断被忽视的身体运动，也使疯狂的发生更为容易。综合以上因素，文明成为影响疯狂的重要因素。从感性而言，感性使人进入"想象的世界"，使人的情感脱离自然的约束而容易陷于暴烈的状态。在此状态中，疯狂更易于发生，由此感性也成为影响疯狂的因素之一。

17 世纪与 18 世纪下半叶对于疯狂的不同理解源于不同的叙事情节设置。在 17 世纪，疯狂的叙事在"非理性的视野"和道德领域展开。在这样的"预塑形"结构下，疯狂被"塑形"为过失和兽性，并因而在监禁体制中"再塑形"。17 世纪的疯狂叙事是一种"道德叙事"，疯狂被塑造为人性的过失和兽性的显现。18 世纪下半叶，疯狂叙事的逻辑发生了内在变化。疯狂不再以"道德叙事"的形态展现，而是体现为"异化叙事"。疯狂这时被"距离"的意义"预塑形"，"距离"使人与自身的本质、人与自身所生存于其中的世界发生分离。"距离"所形成的"中介环境"构成了疯狂叙事的"预塑形"结构，"所有和当下现实发生断绝的事物"则将疯狂"塑形"为"异化"形态，"自然和历史发展"的编年叙事则对疯狂进行"再塑形"。正是在这一系列叙事环节中，疯狂的"异化"形态得以确定，疯狂从非理性的无差异性中脱离出来而展现自身独立的形态。

疯狂在其中获得"自主性"的新的划分，并没有和古典时期的监禁体制完全分离，而是在监禁体制内部"自发性的滑移"。对这种划分的理解也只有在监禁体制所形成的"预塑形"背景中才能得以进行。疯狂在监禁体制内部被"塑形"和"再塑形"。借助于新的叙事意义的获得,疯狂使自身从非理性中独立出来,获得了"自主性"。

在古典时期,监禁体制与疯狂之间连接了一种隶属关系。这体现了在疯狂与非理性的划分中,监禁体制发挥了主导性作用,医学领域并不是主导性话语。理性与疯狂的冲突并不是由科学所规定的,而是理性自身规定的结果。理性深入到疯狂内部,在监禁体制中细化疯狂与其他监禁类型的差别,但同时通过把"不正义"的角色赋予疯狂而使疯狂与监禁的内在联系得以确立。理性话语和监禁背景共同决定了疯狂叙事的情节设置,疯狂不是一直存在的"自然对象",而是历史叙事建构的产物。

在道德话语中,疯狂被置于"不正常"的领域而受到社会救济,疯狂在道德话语中特征不同于以往在权力话语和科学话语中所呈现的面貌。"疯狂"以"不正常"的形态显现于道德话语之中,理性主体则在对疯狂的道德挽救中为自身创设新的根据。理性主体在道德话语中以创设规范赋予自身以合理性基,在建构自身合理性的同时,将疯狂置于自身的统摄之下。与权力话语、科学话语相类似,理性主体仍然将自身奠基于与疯狂相区别的基础之上。与权力话语、科学话语不同,理性主体在道德话语中使用社会规范确定自身合理性的依据。

2.4 疯狂与理性行为:疯狂的语用学分析

2.4.1 疯狂体验的语用学分析

监禁为我们理解与疯狂体验相关的社会实践提供了语境,在此语境中疯狂体验及其社会形态才能获得理解。监禁因而成为"异化的创造者"①，将原本熟悉的社会景象塑造为"异化"的对象。在监禁所形成的场域中，古典时代的疯狂体验得以形成。监禁形成了新的社会规范，形成了"非理性的一体化世界"②，疯狂在这一世界中与其他体验形态相互临近，形成意义显现的"互为语境性"。疯狂与其他体验形态，如性病患者、渎神者和放荡不羁者等，共同构成了"非理性的一体化世界"。疯狂体验也在其他体验共同构成的语境中为获取了自身显现可能性。

疯狂现象不是一直存在、等待发现的孤立现象，而是在不同社会领域的交流互动中、在理性与非理性的相互界定中以不同的历史形态出现的。疯狂是非理性的重要构成部分，非理性与理性互为依存，因此疯狂的体验形态也以理性形态展现社会规范的历史建构。脱离历史语境的理性概念是缺乏根基的。古典时期的疯狂作为非理性的典型形态，与道德罪恶感密切联系。理性主义将疯狂的治疗与道德惩罚和治疗相联系，从而进一步确定了疯狂体验的意义内涵与社会意义，也同时为自身的社会主导地位奠定了基础。

古典时代通过"异化"将彼此不同的体验形态归属在非理性的共同名称之下，从而为古典疯狂体验奠定了总体语境。在此语境中，其他"遭到谴责的行为"为疯狂奠定了理解的基础。关于疯狂的科学与医学知识以古典时期的疯狂体验为根基，科学与医学知识是理性的典型形态，疯狂则依据于"非理性的伦理体验"。在关于疯狂的科学与医学知识确定自身合法性的同时，"非理性的伦理体验"在科学的语

---

① 福柯.古典时代疯狂史（M），林志明译.1 版.北京：三联书店，2005，126 页。

② 福柯.古典时代疯狂史（M），林志明译.1 版.北京：三联书店，2005，130 页。

境中失去了意义呈现的可能性。古典时期的疯狂体验既创造了使自身通向了科学与医学的历史语境，又使自身遮蔽在新的语境之中。

监禁构成了古典时期疯狂体验得以形成的社会语境与制度形态；监禁标志着古典时期非理性体验的建构过程。正是在监禁的背景之下，古典时期的疯狂体验话语才能够被准确把握。"古典时代的疯狂世界并非单调一致的。"① 不同监禁机构收容疯人具有不同的条件。在古典时代，疯狂一方面被当作疾病加以对待，另一方面疯狂也处于监禁和惩戒的领域。当我们试图理解疯狂在古典时代的具体内涵时，以上两种社会语境是我们必须同时加以关注的。但这两种语境并不是同等地位的，疯狂作为疾病加以对待的体验范围很小，更为普遍地则是把疯狂归属于监禁和惩戒的领域。

古典时代的以上特征使对疯狂的监禁成为这一时代对待疯狂的主要标志。在古典时代，当把疯狂作为疾病对待并把疯人置于救护院中时，古典时代将疯狂作为疾病加以对待，并不是古典时代的发明，而是对以往历史实践的延续。在这一延续过程中，疯人的独立地位在新的语境中被逐步边缘化，救护院中的疯人也主要体现为历史遗迹的残留。

监禁中的疯人是古典时代将疯狂呈现于非理性整体语境之中的社会实践形态。救护与监禁，作为疯狂的两种体验形态，同时也是两种对待疯人的不同方式。从历史发生顺序而言，救护院对于疯狂的意义呈现先于监禁所。在古典时期，救护院构成了监禁所实践意义由之出发的历史语境。救护院自身具有的意义内涵在古典时代的历史语境中不断被削弱，同时救护院的意义功能逐渐被监护所所同化和覆盖，这使古典时代的监护所在功能上与监禁所倾向于趋同。

---

① 福柯.古典时代疯狂史（M），林志明译.1 版.北京：三联书店，2005，170 页。

疯狂在两个领域的不同实践方式与人的自由的不同实现形式密切相关。在法律语境中，疯狂与公民自由结构密切相关，疯狂因此意味着公民实现其自身自由能力的缺失以及因而所导致的对其自身行为后果和义务的免责。在社会语境中，疯狂与社会自由结构相联系，疯狂因此意味着疯人对社会规范的违背以及由此而带来的对是否违背社会规范的判断和对人是否适用于监禁的判断。疯狂在不同领域与人的自由问题产生关联。在与自由的不同关联中，疯狂体验也呈现出不同形态的社会意义。

古典时期将意志与选择引入理性与非理性的区分之中，在此语境中，疯狂与其他体验形式的区分从属于理性与非理性的区分。理性在社会体制层面与非理性划出具有决定性的分界线，通过将非理性与自身的绝对分离而确立自身的意义内涵。在这样的语境中，疯狂作为非理性的体验形态，其与其他非理性形态之间的区分已经不是需要太多关注的领域。

古典时期把无理智者作为展示的对象。在这一意义呈现过程中，无理智者已经不被理解为"他者"或"异常者"，而是"消亡人性的兽性"。借助于无理智者的塑造过程，理性将疯狂与自身完全分离。疯狂不再与理性共处于人性之中，理性在人性的彼岸处注视着疯狂。疯狂体验将理性行为与非理性行为相对立，并借此为理性行为确立自身的界限。理性行为不同于过失和表现不良，其意义在于为道德树立确定的标准，在于将过失与表现不良确定为不道德的过程中为自身确立合理性的标准。理性行为也不同于兽性的狂热，理性行为在将兽性狂热隔离于社会之外的过程中，为自身开辟存在的空间。疯狂体验为理性行为确立了呈现其合法性的社会语境，借助于疯狂体验所赋予的社会语境，理性行为的合理性得以显现。

2.4.2　疯狂知识的语用学分析

在疯狂知识的理论语境中，当我们试图用知识的话语去捕捉疯狂的内涵时，疯狂却总是在知识的语境中遮蔽自身。与此同时，疯狂又在疯人的形象中显现自身，疯狂以疯人形象获得自身的内在一致，同时以正面的形式来显现疯狂单纯否定性的特征。

"心神丧失类"病人是疯狂在知识语境中显示自身的具体形象之一。心神丧失类疯人是"理性单纯的反面、精神纯粹的偶然"①。借助于心神丧失类病人的形象，疯狂作为理性的反面得以呈现，与此同时理性自身也得以确立。理性的内涵与意义借助于疯狂的形象得到表达，疯狂对于理性的单抽否定性则在疯人的形象中得到展现。

痴呆症构成了心神丧失征象界定自身的第二个语境因素。"痴呆症的效果，在于瘫痪了灵魂或心智活动中最接近感觉的部分"②。忧郁是疯狂知识语境中另一种形象体现，忧郁症的形象同时具有体验和性质的双重特征，忧郁症既包含着对于理性的否定性因素，以体验的形态体现。同时，它也具有理性形式所主导的知识话语特征，体现为对原因的分析和性质的组合。当理性还无法将疯人作为对象加以准确把握时，否定性因素与肯定性因素在疯狂形象中将同时呈现，这在忧郁症概念流变过程中体现得尤为明显。忧郁症的概念流变也只有在疯狂知识的话语语境中、在疯狂形象的展示过程中能够理解。

躁狂的形象与忧郁的形象形成了鲜明的对照，躁狂的形象在疯狂知识的语境下以心理学概念的形式加以展现。在这一过程中，躁狂逐

---

① 福柯.古典时代疯狂史（M），林志明译.1 版.北京：三联书店，2005，366 页。
② 福柯.古典时代疯狂史（M），林志明译.1 版.北京：三联书店，2005，378 页。

渐被理性的话语所捕获，以理性的形式与内容展现非理性。忧郁与躁狂的知识话语，只有在古典时期宇宙形式的语境下加以理解，才能体现其自身的内在意义。疯狂知识本身的演变不是基于同一对象向理性逐步清晰展现自身，而是源于对宇宙与世界的总体把握图景，这在忧郁与疯狂的知识建构中得到明显体现。

疯狂在这种医药的观念中却是一个例外的领域，"它的疗效只能是自然最深藏的秘密"[①]。在这种医药观念的语境下，人们把人身和矿物药剂应用于疯狂的治疗，使医生和病人之间的关系在古典时期疯狂知识的统摄下呈现出不同于以往的特征。在对疯狂的治疗中，古典时期病人与医生的关系以及药方的构成是象征体系整合而成的结果，也是不同历史遗留物的组合。但疯狂的治疗中存在的种种异质性因素却始终没有得到有效的揭示，人们往往把其视作内在一致的统一体，对医生与病人关系的揭示能进一步确定疯狂知识在医疗过程中的呈现形态。

"强化"、"净化"、"浸泡"和"运动之规制"构成了"组织疯狂疗法的几个治疗理念"[②]。与强化的理念形成的语境所适应，铁被应用于疯狂的治疗，以增强病人的抗力，其形式甚至包括"直接吞服锉下的铁屑"[③]，疯狂治疗实践与疯狂知识话语之间的内在联系在这一理念的应用过程中得到充分的体现。基于净化的疯狂知识话语，人们使用体内溶解术、体外疏导术和介于两者之间的治疗方法对疯人进行治

---

① 福柯.古典时代疯狂史（M），林志明译.1 版.北京：三联书店，2005，430 页。

② 福柯.古典时代疯狂史（M），林志明译.1 版.北京：三联书店，2005，438 页。

③ 福柯.古典时代疯狂史（M），林志明译.1 版.北京：三联书店，2005，440—441 页。

疗。疯人治疗方法的意义在"净化"的隐喻语境中得到充分展现。在"浸泡"的理念中，基于清洁与改变的双重意义，人们在疯人的治疗中引入浸泡的多种形式，借以实现对疯狂的治疗。水的作用在治疗中被着重强调，治疗的隐喻与象征意蕴体现得更为突出。在"运动之规制"的理念中，出于对疯狂外部表现的话语理解，疯狂知识的实践应用突出了运动的地位与重要性，使疯狂治疗和外部世界的运动规则相联系。

疯狂知识的话语语境使疯狂的治疗呈现出不同于以往监禁时期的特征，疯狂治疗的实践也只有在新的话语语境中才能获得理解。疯狂知识既为我们认识疯狂提供了知识手段，也为我们确定理性行为规定了社会语境。疯狂知识将疾病的组成要素加以分解，对不同要素进行分析并制定有针对性的治疗方案。在疯狂知识确定疾病组成要素的过程中，理性行为的标准作为与疯狂相比较的因素也得以确立。理性行为对照疯狂构成要素建构自身的合理性因素，理性行为也只有对照疯狂才能获得自身的合理性依据。疯狂知识为理性行为确定了不同于疯狂体验的社会语境。在疯狂知识所赋予的社会语境中，理性行为具有了不同于以往的特征。

2.4.3 疯狂异化的语用学分析

对于疯人的监禁这时已经不具备不言而喻的自明性，而是需要证明自身的合理性及其范围；疯狂将开始不同于单纯监禁的新的异化的过程。在新的话语语境下，对于疯狂和疯人需要新的处理空间。疯狂不是单单由被隔离于社会而显示自身的存在和非理性特征，疯狂要求拥有公共地位以确认其地位。在监禁体制失去意义后，对于疯狂的处理方式有两种基本代替措施，一种是用牢狱结构的监禁方式，另一种是采取接近家庭的看护方式，这也成为通向现代疗养院两种类型的途径。

监禁意义与医疗价值的衔接使疗养场所的出现成为可能。疗养机构的出现并不是医疗技术进步的结果，也不是道德话语的产物，而是疯狂话语异化的结果。疗养机构的诞生并不是历史进步的结果，而是不同话语在历史语境中相互作用所形成的历史现象。"疯狂异化"使"疯狂"处于客体化的地位，这依赖于监禁制度的毁坏和新的话语意识的产生。它是意识形式与话语结构的产物，在呈现于社会认识的过程中逐步形成。在"疯狂异化"过程中，人自身也逐渐沦落为"客观知识"的对象，理性则相应成为主宰人自身地位的评判依据。

疗养院的形象在以往关于疯狂的历史叙事中经常出现。疗养院的形象在精神医疗史中往往为人们描绘出"理性"与"进步"的历史进程，疗养院的诞生意味着疯狂的"幸福"时代来临了。关于疯狂的真理终将被发现，历史上对于疯狂的误解终将被纠正。但疗养院诞生的历史进程所呈现的往往不是精神医疗史所描绘的简单进步过程，真实的历史过程要复杂很多。

疗养院的诞生以"解放精神错乱者"为名义上的宣称目标，但在现代世界中却具有与其宣称的目标不同的意义。疗养院的机制试图将疯狂纳入科学的话语之中，但科学却无法为疯狂揭示预期中的真理，疯狂被掩盖在理性的具体形态之中。疯狂所代表的非理性进一步丧失了自身的主体地位而成为理性主宰的对象，疗养院以解放的名义所实现的恰恰是对疯狂的进一步理性控制。

疗养院所代表的对疯狂的"实证主义"态度与古典时期对疯狂的构想完全不同。疗养院以及其所代表的"实证主义"实现了理性对于疯狂的完全宰制，精神错乱的解脱从此就意味着理性的胜利。古典时期疯狂所代表的非理性体验对于理性所具有的质疑功能在此彻底被掩盖了，疗养院实现了对于疯狂理解的话语转变，使疯狂自身的意义语境发生了转变。这一过程并不能以进步加以概括，尽管我们可以承认在此中间出现的语境差异。

疗养院与实证主义精神医疗密切相关，实证主义精神医疗则将疯狂异化塑造为神话。在实证主义精神医疗中，理性概念被建构为人的自然状态，道德判断被建构为科学对真相的发现，疯狂的痊愈则被视为对现实世界的理性回归。实证主义精神医疗与神话的区别在于，神话在自身内保留了自身起源的线索，实证主义精神医疗则将自身的起源以科学与理性的自然形态加以掩盖。当我们将实证主义视为不言自明时，理性获得了全面的胜利，疯狂则完全沦落为理性的对象。古典时期与实证主义可以视为疯狂异化的不同形态。古典时代将疯狂异化局限在实施监禁的人，而实证主义则将疯狂异化奠定在疯狂的内部，进而实现理性对于疯狂的话语统治。

实证主义以科学形式的诊断形态出现，但实证主义所建立的疗养院体系其实却发挥着司法功能。疯狂虽然在疗养院之外被免除了罪恶的身份，但在疗养院机制内部却将审判移入精神失常者的心理深处。如果说古典时期的监禁制度利用了社会权力话语将疯狂隔离于社会之外，那么实证主义则利用道德话语将精神失常者禁锢于疗养院中。精神失常者只有借助于心理悔恨来表现自身对理性的臣服，才能使自身脱离疗养院所设立的道德话语。现代疗养院的诞生过程，并不是单纯人道主义观念所取得的进步，而是实证主义以科学形式在道德话语建构过程中宰制疯狂的产物。

从医生与疯狂的关系而言，医生并没有将知识的客观性赋予疯狂，知识对于疯狂而言，是以社会性权力与道德性权力的形态发挥作用的。但这并不等于说知识与权力关系相互等同，社会性权力与道德性权力形成了实证主义知识得以可能的社会语境，这种社会语境使权力宰制关系变得可以理解。当实证主义将疯狂界定为客观对象，并借此赋予知识以客观性地位时，实证主义颠倒了知识本身的内在逻辑。在实证主义的语境下，知识是与权力关系相伴随的，作为权力关系的结果而出现。

　　在 19 世纪所形成的社会语境中，人性的真相只有借助于疯人才能获得完整的理解，人性异化本身也只有在疯人的意义中获得理解。疯人是通向人性真相理解的桥梁，既是人性的否定同时又揭示着人性真相。疯人与人性真相之间的这种复杂关联，可以称之为"人类学圈套"。我们试图以疯狂的形式揭示人性异化，但我们所理解的人性却又只有在疯狂的语境中才能理解。人性真相恰恰体现为疯狂的真相；疯狂揭示了人性自身的异化过程。

　　但疯狂并没有完全沉沦在"人类学圈套"之中，它在艺术作品中标定着世界的意义和人性自身的意义。科学与知识并不能为世界赋予完整的意义，世界在艺术作品之中展现自身的真相。当心理学与人类学以权力形态试图宰制疯狂时，疯狂在艺术作品中为自身重新获得了展现空间。疯狂并没有被人类学所捕获，世界需要在疯狂面前为自己辩护。

　　疯狂异化为我们理解世界指引了不同的方向，在疯狂面前，世界需要为自身证明其合理性。疯狂异化为我们理解理性行为确立了不同的社会语境，理性行为将自身演变为疯狂构建自身的方式。理性行为的背后是疯狂在发挥作用，理性行为所指向的世界体现为疯狂的作品。理性与疯狂的位置在疯狂异化中发生了改变；理性行为在新的社会语境中获得了自身新的形式。理性行为在疯狂世界的背景中获得合理性的依据；理性行为将自身附属于疯狂作品之中。

2.5 福柯与怀特海：疯狂与理性的比较

2.5.1 《理性的功能》：怀特海论理性

2.5.1.1 理性与生活：实践理性进化

福柯试图在历史叙事之中、在与疯狂的相互联系中为理性赋予意义。怀特海[①]则试图将理性与经验相联系，并以理性形态构建"哲学图式"并赋予任何经验以可能理解。福柯对于理性的历史理解与怀特海对于理性的普遍主义刻画形成了鲜明的对比。通过与怀特海理性理论的比较，福柯对于理性所做出的历史阐释能够更加清晰地展现其意义。

"理性的功能在于提高生活艺术"[②]。理性因此而在功能上和生活密切联系起来；那么我们可以进一步追问生活的艺术究竟意味着什么呢？"生活的艺术首先是活着，其次是以一种满意的方式活着，第三是在满意程度上获得增加"[③]。基于以上的理解，我们可以把理性的功能理解为在保证人活着的条件下、使人以更加满意的方式生活。这

---

① 怀特海（1861—1947），英国数学家、哲学家，"过程哲学"创始人。

② 怀特海，教育与科学·理性的功能（M）.黄铭译.1版.北京：大象出版社，2010，131 页。

③ 怀特海，教育与科学·理性的功能（M）.黄铭译.1版.北京：大象出版社，2010，133 页。

也就意味着理性在功能上体现为指导人们选择生活方式的实践理性形态，我们判断理性功能是否实现的标准则在于理性是否有效促进了人们对自身生活方式的满意程度。

历史在人类的理解中展现自身。对于人类而言，无规律的历史发展是不可理解的。但历史本身却可能展现不同的趋势，我们可以在历史中观察到衰退的趋势，我们也可以在历史中发现进化的趋势。理性在历史发展中的作用形式恰恰体现为"对历史中创造性因素的自律"，理性使推动历史发展的创造性因素摆脱"无政府状态"，使历史呈现促进"生活的艺术"的发展趋势。理性对于历史并不是中立的，而是以自身的功能使历史自身的创造性因素自律。理性不能创造历史，但理性可以转变历史的意义。

理性与生活相联系；生活以生命为前提。生命体现了三重欲望的特征，"活着，好好地活着，更好地活着"[①]。理性是实现欲望的方法，"一种方法论的诞生在其本质上是发现了一种活着的窍门"[②]。对于任何一种生命而言，如果生活耗尽了新颖性而产生疲乏时，这种生命将面临着决定自身命运的选择。这种选择体现为两种形式，两种不同的选择开启了不同的生命航向——"稳定化"与"新颖性"。"稳定化"可以采用"盲目性的方式"、"节律性的方式"和"短暂性的方式"。

在实现"稳定化"的三种方式中，盲目性的方式使一种物种的生活失去了向上发展的动力，丧失了对新颖性的追求和实现更好生活的

---

① 怀特海，教育与科学·理性的功能（M）.黄铭译.1 版.北京：大象出版社，2010，138 页。

② 怀特海，教育与科学·理性的功能（M）.黄铭译.1 版.北京：大象出版社，2010，138 页。

可能，从而使生活状态仅仅体现为恢复原状。盲目性方式虽然使一种物种的生活得以延续，但也使生命的欲望形态仅仅萎缩为"活着"这一单一维度，这就意味着生命失去了对"好好地活着"和"更好地活着"的向往和创造能力。

短暂性作为一种相对独立的稳定化方式，使一种物种通过用个体替换的方式来维系物种的生存与生活方式的延续。与此同时，短暂性又属于一种特定意义上的盲目性方式，它并不能使物种突破旧的经验模式的束缚，而只是在简单重复过去的经验和生活方式。个体的替换并不能带来生存方式的改变，物种在短暂性方式中也仅仅是维持着"活着"的状态。

节律性的方式在所有生命中、甚至在一切物质中都普遍存在。节律性方式以不同等级的方式在从物质到生命的不同存在者层次得到例示。节律性方式的显现方式为"循环"。在"循环"中，节律性方式以对比的形态确定顺序。节律性方式以循环的方式开启循环，一个循环过程以自身为后续循环过程提供前件。循环能够克服出现在任何一个单独循环过程中的重复，但循环也使植根于记忆中的疲乏从整个循环中的诞生成为可能。节律性方式使稳定性以变化的形态得以呈现，但节律性并不能使稳定性达到对新颖性的追求。生命可以在节律性的方式中体验变化和感受生活，但生命却无法单纯依靠节律性方式而达到对"好好地活着"和"更好地活着"欲望追求。

"新颖性"强调理性的功能不是使动物的生活保持稳定，而是使动物的生活体现生命的三重欲望的特征。正是由于理性的功能，动物的生活才不仅仅体现为"活着"，而且体现为对"更好地活着"的追求。理性使生命发展的历史摆脱了衰退的趋势，而呈现上升的趋势，这也正体现了理性功能作为"提高生活的艺术"的意义所在。

"稳定化"与"新颖性"决定了经验的两种形态:"身体经验"与"精神经验"。身体经验源于物质经验,身体经验在纯粹事实中发挥作用。身体作为生命的载体,体现生命的物质特征,呈现生命经验的物质形态。身体经验作为物质经验,呈现宇宙视域中物质趋向退化的经验形态。如果生命经验仅仅体现为身体经验,生命经验将单纯体现出退化的趋势。

经验并不单纯由身体经验构成,精神经验与身体经验不同。精神经验是与身体经验相分离的,精神经验关注形式。精神经验又关联着身体经验,精神经验能评价自身对身体经验的贡献程度。精神经验与身体经验相分离,并能对身体经验做出评价,这是我们理解精神经验的关键所在。理解精神经验的前提是理解精神,精神本质上是欲望,是对摆脱空虚的确定性要求。欲望将事实与未来连接在一起。正是在欲望的连接中,当下事实与未来的连接成为可能,同时也提出了秩序性理解的要求。

理性出自于精神,是特定类型的精神。精神的本质是欲望,理性不同于普通精神类型所指向的欲望,理性是统摄众多欲望的欲望。在理性的引领下,欲望才能在无序的基础上建立有序,也使经验因此而得以可能,因为"完全的无秩序意味着经验的不存在"①。理性的功能正在于将精神从低级形式中的退化趋势中拯救出来,使精神无序的变化成为有序的上升过程。理性将自然与世界从虚无与空洞中拯救出来,使无序欲望实现文明化。理性经过训练而在人的身上得以体现,以创造性的方式使自然与世界的历史脱离物质逐渐退化的趋势,转变

---

① 怀特海,教育与科学·理性的功能(M).黄铭译.1 版.北京:大象出版社,2010,145 页。

为三重欲望的特征，在由"活着"向"更好地活着"的过程中显现其自身的功能。

2.5.1.2　理性与科学：思辨理性的作用

理性在实践方面体现出方法论的特征，使生命进化展现向上的趋势。理性也具有思辨功能，"理性唯一的满足是经验已被理解。"[①] 怀特海将思辨的理性与柏拉图相联系，并将思辨的理性与理解经验的目的相联系。对于思辨的理性而言，理性只服从于自身的目的。理性自身的目的在于理解经验。思辨的理性寻求达到理解，思辨的理性并不为其他动机而偏离自身的主导兴趣。当然，思辨的理性在满足自身目的的同时，也可能对其他动机有所促进，但这不是思辨理性的直接目的所在。

思辨理性虽然直接服务于自身所具有的获得理解的目标，但思辨理性同时具备在实现自身目标的同时，促进其他目标实现的可能性。技术进步植根于思辨理性与实践理性的相互结合。思辨理性为实践理性提供对于事实的理论洞察，实践理论则在此基础上重新做出方法论反思以寻求更好满足欲望的方式。思辨理性为实践理性指明方向，实践理性则确定方法。在思辨理性与实践理性的结合中，技术获得了自身的进步，也日益成为主宰生活的根本力量。

但在思辨理性与实践理性的相互结合中，蒙昧主义作为严重的阻碍因素而显现出来。蒙昧主义使思辨理性的典型代表（哲学）和实践理性的典型代表（科学）难以获得相互理解。哲学与科学之间的分歧

---

① 怀特海，教育与科学·理性的功能（M）.黄铭译 . 1版 . 北京：大象出版社，2010，147 页。

由来已久，在现代技术背景下这一分歧显得更为突出。

　　科学作为实践理性在现代生活的方法论体现，发挥着重要的作用。科学使人类生活发生了根本性的变化，但科学本身也具有限度。当科学跨越了自身的限度，当科学忽视了对其自身的理论反思，科学就将成为蒙昧主义的典型形态。哲学为科学理解自身的限度提供了反思的途径。哲学自身也需要不断对自身加以反思，在承认自身限度的同时，开启新的可能性。哲学的可贵之处在于，哲学并不将自身视为教条与权威，而是将自身作为有待超越和克服的反思。正源于此，哲学才可能发挥对科学进行反思的功能。

　　出于对形而上学与科学之间差异的绝对化认识，人们将形而上学与科学完全对立起来，并试图用其中的一方完全取代另一方。这一点在牛顿式唯物主义观点中得到了充分体现。在牛顿式唯物主义理论语境下，形而上学和哲学被视为从属于科学。科学也因此赢得了至高的地位，对科学的反思因此失去了合法性地位，科学的界限也成为无意义的问题。

　　科学发展到今天，无疑已经不是单纯停留在牛顿式唯物主义的阶段，但在科学家中仍然存在着对科学自身的普遍误解。现代科学家通常认为由于科学仅仅"描述"，因而科学具有"无条件性"，即科学不需要假设任何前提条件。科学仅仅得到描述复杂性的简单公式，因而科学不需要形而上学。

　　科学本身的作用与价值是不容否认的，科学思维所存在的问题在于否认自身的有条件性与否认哲学和思辨思维所具有的指导意义。科学希望达到自身的自明性，使自身对其所依赖的程序产生自发理解，而不借助于更广泛的范畴作为参照。科学的这种要求本身是不能成立的，它并不能达到对其自身的理解。只有借助于哲学，科学自身的理解才是可能的。离开哲学，科学思维只是"盲目的习惯"。在哲学的指引下，科学才能够确定自身的意义所在。

2.5.1.3 理性与世界：宇宙论的解释

思辨理性不受实践理性的外在束缚，而是力图从总体上把各种方法按照事物的本性加以协调。思辨理性虽然不能通过人的有限智力而加以把握，但却召唤着人类不断进步，使人免于陷入单纯的物质世界所呈现的衰退趋势，而显现不断上升的趋势。思辨理性虽然高于各个具体学科所采用的方法，但又在与具体学科的联系中体现自身，借以构建自身与事实的关系。思辨理性以宇宙论的形式与具体学科相联系。宇宙论与具体学科之间是类与种的关系，一门具体学科或者符合宇宙论，或者以自己与事实的相符来提出修正宇宙论的理由。思辨理性借助于宇宙论，使世界在思辨理性中被得以把握，从而建立起整体意义上的科学世界观。

科学所具有的权威地位奠基于事实之上。正是基于事实，思辨的地位往往受到质疑和挑战。事实与思辨的关系在于，思想是事实构成中的因素。事实之所以获得当下的呈现形态，是由于思想的介入才得以可能。当我们强调事实高于思想时，我们所意指的并不是事实独立于思想，并为思想确定意义的依据。我们所指的是思想中最终要包含真理的判断依据，思想的价值在于通过形成真理的标准而建构经验世界，思想也因此关涉于经验世界。经验世界并不能脱离思辨理性和思想而存在，思辨理性和思想也不是脱离经验世界的纯粹抽象。

思辨理性与实践理性是相互作用的，两者共同构成了权威。思辨理性阐明了实践理性的技术目标，实践理性作为方法论最终又回归到思辨理性。思辨理性与实践理性两者之间不是单纯的决定与被决定的关系，而是相互依靠、相互回归的共属关系。思辨理性为人类的理解不断开辟新的可能性，实践理性为基于理解的欲望实现寻求方法。

宇宙论是思辨理性的最高结果；对于所有一般性低于它的思辨理性，宇宙论发挥着批评者的角色。宇宙论的目的在于发现最一般的解释体系，它的解释体系超越了任何特殊科学，因而能够揭示出不同科学之间的联系。宇宙论试图在所有方面做出解释。当一种宇宙论在某些方面无法做出解释时，这种宇宙论必须对自身做出调整和修正，否则将会面临着被代替的风险。宇宙论是思辨理性的最高体现形态，但人类的有限智力却难以建立唯一的、包含所有其他类型宇宙论的终极形态，这也恰恰是促使人类思辨理性不断前进的动力所在。

宇宙论的形态并不是唯一的，人类有限智力无法达到宇宙论的终极形态。不同形态的宇宙论都在某种程度上阐述了重要事实，一些类型的宇宙论比其他类型的宇宙论更富有洞察力，从而可以在取代原有宇宙论的同时，为其他宇宙论确定有效性的范围。从发展趋势而言，一种普遍的宇宙论将会出现，它并不会取代所有其他宇宙论而成为唯一形态的宇宙论，但它会包含其他宇宙论所不能包含的一般真理。

2.5.2 福柯与怀特海：理性叙事的比较

福柯与怀特海基于不同的理论视域对理性进行了分析与界定，两者之间的差异为我们理解理性展现了新的可能。我们可以从理性与目的、理性与科学、理性与世界等三个方面，展开福柯与怀特海理性思想的比较分析，借此不仅可以深化我们对福柯和怀特海理性思想的理解，也可以帮助我们去把握理性自身。如果借用现象学的表达方式，我们可以把福柯与怀特海的理性思想视为理性不同的显现方式。理性自身作为意向性整体关联，在其差异性的显现方式中建构自身。

从理性与目的的关系而言，怀特海将理性的目的与理性的功能直接相联系，进而将理性的目的诉诸"生活的艺术"和对环境实施改造的强烈欲望。基于以上理解，对怀特海而言，理性体现为经验领域的因素。理性在人类生活的总体目的中展现自身。但人类生活的目的并非单纯的事实，而是与想象密切联系。正是在以上的叙事话语中，怀特海将理性置于"生理性"与"终极因"之间加以探讨。怀特海试图把无机物活动的基本原理、动物的行为特征与人的理性整合在进化论的统一范式之中。理性在其功能中展现了由生存、好的生存到更好生存的强烈欲望，并在自身的实现中使世界秩序成为可能。怀特海把理性视为在人类身上存在的拯救世界无序状态的重要力量，而人类通过理性在赋予世界以秩序的同时，也是自身生存的欲望得以更好体现。

对于福柯而言，理性的目的在不同的历史叙事结构中，具有不同的展现形态。如果我们试图赋予理性以统一的目的和功能，那只能形成对理性自身的误解。理性只有在与疯狂的相互联系中才能够呈现自身。疯狂自身是历史建构的结构，理性也同样奠基于历史叙事的结构之中。当疯狂被以兽性体验和监禁形式得以建构时，理性体现为社会强制性力量，理性通过对疯狂的排斥而建构自身。当疯狂被以知识形态和医学形式加以建构时，理性体现为知识话语形式，理性通过对疯狂的把握而建构自身。当疯狂被以异化形态和道德形式加以建构时，理性体现为伦理话语形式，理性通过对疯狂的内化而建构自身。理性自身并不存在脱离历史情境而独立追求的目的；理性只有在具体的历史叙事结构中才能得到理解。

如果我们比较福柯与怀特海对理性的分析与探讨，我们可以看到以下差异，怀特海试图把理性置于统一的进化论历史叙事之中，而福柯则倾向于在不同的历史叙事结构中、在与疯狂的相互联系中理解理性。怀特海与福柯的差异并不在于对理性历史叙事特征的认识，而是在于单一叙事与多元叙事的不同路径取向之上。怀特海试图建构关于理性的单一叙事，而福柯则把理性置于与疯狂相联系的历史多元叙事之上。单一叙事与多元叙事构成了我们理解怀特海与福柯理性思想差异的关键线索，这一线索也同样指引我们去辨析两者对理性与科学、理性与世界的不同理解。

从理性与科学的关系而言，怀特海认为理性与一种终极信仰相联系，即所有特殊事实都可以被视为一般原理的例示。理性自身目的的实现，体现在经验得以被理解的过程之中。理性寻求的进步指向经验的更好理解，在这一功能形态中体现为思辨理性的形态。科学的发展则源于思辨理性，其目的指向对世界的解释。科学脱离哲学，则使科学自身陷入不可理解的状态。终极理性主义使哲学进步和科学进步相互协调，并使两者同时成为可能。

对福柯而言，理性自身并不能成为哲学与科学进步的基础，哲学与科学也应摆脱进步话语的统治地位。哲学只有在与知识、权力与道德的相互关系中才能获得自身的可理解性。理性只有在疯狂的联系中、在具体的历史语境中才能获得自身的显现形态。理性并不能成为确定意义的终极依据，其自身始终处于历史建构之中。科学本身也只有在与权力、道德的相互关系中才能获得理解，并不具有独立的价值意义。由此而言，福柯对于疯狂的历史阐释，揭示了理性在不同的历史语境中所展现的不同意义形态，论证了科学在不同历史语境中所具有的不同目的及其与权力、道德的相互关系，展现了哲学作为思想形态所具有的历史特征与叙事内涵。

如果我们比较怀特海与福柯在理性与科学方面的观点差异，我们可以看到两者在"基础"与"过程"的内在关联方面存在差异。怀特海的"过程哲学"立场所强调的"过程"具有理性的统一基础，理性在"过程"中试图对经验做出统一解释。正因为如此，怀特海既是一个彻底的经验主义者，也是一个彻底的理性主义者。

福柯的"考古学"与"谱系学"立场使福柯将"过程"与"关系"视为"基础"。在这一意义上，经验的理解也只有在"过程"与"关系"中才得以可能。福柯区别于传统的经验主义者与理性主义者之处，恰恰在于其将"过程"与"关系"置于理解的基础性地位。怀特海试图以理性为基础，建构能够容纳一切经验形态的形而上学体系。福柯则试图以"人之死"的形式终结一切以"主体"为核心的形而上学理想。"过程"与"基础"的不同理论指向构成了我们理解怀特海与福柯思想差异的重要方面。

从理性与世界的关系而言，怀特海认为，理性与科学通向"宇宙论"的建立，"宇宙论"则试图建构关于"世界"的统一体系。"宇宙论"可以有不同的体现形态，但不同的"宇宙论"通向一种可能的总体"宇宙论"，使其他"宇宙论"在其中各自拥有其有效性的范围。理性与"宇宙论"为自然确立了向上的趋势，这种向上的趋势与物理的衰退趋势形成对照。怀特海指出，理性的支配并不一定是清晰的形态，但理性始终在发挥支配作用。

福柯则延续尼采的理论倾向，对建构体系哲学始终抱有怀疑的态度，对理性具有支配地位的合理性持批判立场。福柯承认对于世界的理解具有不同的历史语境，但并不承认不同的历史语境具有合理性的程度差异。他也并不认同把不同的宇宙图示建构为统一"宇宙论"的理论意图。福柯试图在疯狂叙事的基础上，为我们理解理性自身的界限提供指引。他也试图在历史叙事中为世界的理解、宇宙的意义确定背景。他将理性、科学、世界与宇宙的话语分析置于历史叙事之中，使我们在不同语境中理解意义成为可能。理性并不能成为意义唯一的合理基础，其自身始终处于与疯狂的相互联系之中。

福柯与怀特海在理性与世界关系方面的差异主要体现为"进化论"与"差异论"之间的区别。怀特海试图在理性的基础上为"宇宙"确定向上的进化秩序，福柯则不承认历史存在进步的方向性而试图建立理解差异的历史语境。怀特海强调理性的支配作用，并试图在理性基础上建立整体的"宇宙论"体系。福柯则把理性置于与疯狂相联系的历史情境中，使理性、世界与宇宙在历史语境中获得意义。

2.6 理性视域中的人、真理与自由：通过叙事而可能的自由

人的存在意义是我们理解福柯思想的整体背景。福柯在《古典时代疯狂史》中，以人的存在意义所指向的"在历史中存在"为背景，以疯狂与理性的内在关联为核心问题，向我们展现了人的存在意义及其历史根据。在西方哲学传统中，"人是理性动物"的结论几乎被当作不言自明的结论而被人们所接受，虽然人们可以对"理性"做出不同的解释；福柯则向我们表明，人不是以理性的方式彰显自身作为存在者的存在方式，人的存在意义只有在历史中才能获得自身的存在根据。理性作为人与其他存在者相区别的内在根据而言，其内涵与意义只有在历史语境中才能得到确定；理性只有在与疯狂的相互联系中才能确定自身的意义。

理性以三种历史话语的形式、在与疯狂的相互区别中建构自身的意义与内涵。理性首先以权力话语的形式为自身寻求依据，这体现为以禁闭形式将疯狂隔离并以此形成自身的存在依据。其次，理性以知识话语的形式确定自身的合理性，这体现在理性试图将疯狂把握为自身的对象。最后，理性以道德话语的形式建构自身的合法性，这体现为理性将疯狂以不正常的形态和不道德的意义禁锢于疗养院之中。理性正是在与疯狂的相互联系中才能获得完整的理解；理性只有在人的存在的历史意蕴中才能获得自身的确定形象。

对于理性与人类存在所具有的历史维度的反思，使我们直面"真理"所具有的"非遮蔽"意义。福柯对于疯狂与理性的探讨，使"真理"所具有的"非遮蔽"内涵得以显现。理性的意义与内涵只有在历史语境中才能逐步得以显现。当我们试图脱离历史语境而追寻纯粹理性时，理性自身的意义将对我们呈现遮蔽状态。理性向我们显现了真理的意义与人的存在之间的内在联系，真理只有在人的历史存在中才能展现其"非遮蔽"的特征。

"真理"并不是脱离人的存在而独立存在的对象，而是在人的历史存在中得以显现的。我们不能脱离历史而理解人的存在，也不能脱离人的存在而理解"真理"。这并不表明"真理"会落入历史相对主义之中。这只是说明，一个历史的起点对于理解真理而言，同样是必需的。真理的绝对性往往成为拒斥从历史视域审视真理的理由所在，但真理的绝对性也只有在人的历史存在中才能获得理解。我们之所以需要绝对性，恰恰是因为我们是历史性的存在者。当我们忽略自身作为历史存在者的地位时，我们也丧失了真理所具有的绝对意义。

"自由"作为"让存在者存在"在人的存在与真理意义的相互联系中为自身奠定基础。"自由"从人的存在中获取自身的存在依据。

如果我们从"在历史中存在"领悟人的存在所具有的意义指向，自由也只有在历史之中才能为存在者确立秩序，使自身成其为"让存在者存在"。人们往往将"自由"确定为人的本质，尽管一般是在不同意义上使用"自由"的概念。但人们往往忽略，"自由"只有在人的存在意义之中才能获得确定性内涵。当我们从不同角度理解人的存在意义时，"自由"会呈现不同的意义。如果我们将人的存在意义从"在历史中存在"这一维度加以理解，"自由"将在历史语境中确定自身的意义与内涵。

"自由"作为"真理"的本质，在"真理"所具有的不同意义上展现其不同的意义特征。当我们从"真理"所具有的"非遮蔽"内涵来理解"真理"时，"自由"也以让存在者整体呈现的方式展现自身。"自由"在历史中让存在者作为整体显现自身，"自由"也因而实现在人的存在意义上呈现真理。我们无法从抽象意义上理解作为整体的"自由"。我们只能在人的存在意义之中、在真理的不同意义上领会"自由"所具有的意义指向，人的存在与真理的意义成为理解"自由"的关键所在。

"自由"在历史语境中使存在者作为整体呈现自身，这何以可能？福柯对于疯狂与理性的探讨给予了我们有益的启示。"自由"在"叙事"中使自身成为可能。"自由"之所以能够在"叙事"中成就自身的可能性，其根源在于历史以叙事形态展现意义。在历史中，历史事实并不以孤立事件的形态展现意义；历史事实以叙事方式、在事件的相互联系中展现历史的意义指向。历史意义所指向的客观性并不代表历史可以脱离叙事而独立存在，正如客观性本身并不能脱离主观性而独立获得自身的根据。我们从叙事中领会历史所具有的意义，"自由"在叙事中成就自身在历史中展现存在者作为整体而存在的可能性。

　　福柯关于理性与疯狂的探讨，向我们具体呈现了"自由"借助于"叙事"奠定其自身可能性的过程。在疯狂的权力话语中，"自由"在"叙事"中展现了"理性"以禁闭的方式将"疯狂"排除在社会之外、进而为自身确定基础的历史过程。在疯狂的知识话语中，"自由"在"叙事"中展现了"理性"以医学的形式将疯狂纳入自身的对象、从而为自身确定根据的过程。在疯狂的道德话语中，"自由"在"叙事"中展现了"理性"以人类学的形式将疯狂纳入不正常的序列、限制于疗养院之中、以便为自身确定意义的历史过程。"疯狂"与"理性"的内在联系为我们理解"自由"的可能性提供了范例。我们只有在人的存在意义基础上、在对真理内涵的把握中，才能获得对于"自由"及其可能性的全面理解。

第3章　人文科学的隐喻理解
——世界、隐喻与自由

> 考古学试图描述的不是特殊结构中的科学，而是知识迥然不同的领域。此外，如果说考古学针对处于知识与认识论形态和科学之间的关系的知识的话，那么，它同样能够从不同方向探讨知识，并且在另一种关系的网络中描绘知识。
>
> ——福柯：《知识考古学》

3.1 "形而上学"：存在的界限

"科学"与"知识"在政治伦理思想中扮演着越来越重要的角色，"政治科学"代表着将科学方法引入政治领域的理论努力，"道德知识"体现了试图将伦理问题与认识论相互联系的思想倾向。在福柯政治伦理思想中，"科学"与"知识"也占据着非常重要的位置，但福柯并不试图从"科学"与"知识"的视角为政治伦理确定合理性的依据。他通过考古学的探究，将"科学"与"知识"奠基于对世界的理解之上，在消解"科学"的纯粹性与"知识"的绝对性的同时，为政治伦理思想开辟了新的可能性。

福柯对于"科学"与"知识"的分析集中体现在《词与物》中，这本著作是福柯思想第二阶段的代表性著作。在这本著作中，他从考古学视角对人文科学进行了考察。福柯对人文科学的考察与追问，揭示出人文科学的特定历史形态奠基于对世界的隐喻理解之上。通过人文科学的考察，他展现了人对世界的理解与人的存在之间的内在联系。如果要理解福柯对于人文科学所做的考古学探究之中蕴含的思想意义，我们需要理解人的存在所具有的"在世界中存在"的生存维度。海德格尔对存在的追问，为我们理解"在世界中存在"提供了有益的参照。

"究竟为什么在者在而无反倒不在？"① 这是"形而上学"中首先应追问的核心问题。对存在（being）的追问应首先从存在者（在者，beings）开始，但"无"（nothing）与"存在者"相互联系。"无"使"存在者"面临着意义缺失和精神消散的危机，面临着"世界的没落"。"世界的没落"在精神意义上，指向"精神的消散、衰竭，就是排除和误解精神"②。它不仅仅停留于一种理论设想，而是反映在历史现实之中。当崇高与神圣逐渐远离我们，当大众化与平庸成为社会追求的主流，"世界的没落"就在我们身边显现自身的意义。

"世界的没落"与人作为此在的"在世界之中存在"的生存维度

---

① 海德格尔．形而上学导论（M），熊伟、王庆节译．1版．北京：商务印书馆，1996，3页。

② 海德格尔．形而上学导论（M），熊伟、王庆节译．1版．北京：商务印书馆，1996，45页。

密切相关。正是由于它，世界失去了自身应有的"深度"，此在逐渐呈现在无"深度"的世界之中。人所生活于其中的世界，是需要"深度"的。在世界的"深度"中，人才能领会自身的本质，人才能成就自身的卓越。但"世界的没落"，恰恰使世界消除了"深度"，所有的事物因此失去了价值位阶而嵌入"同一性"的表面。在没落的世界中，此在自身的存在意义失去了应有的根基，人与其他事物相互混同而丧失了自身生存的意义。

面对"世界的没落"，我们需要追问存在者作为整体所具有的意义，这是"唤醒精神的本质性的基本条件之一"[①]。当我们试图理解人作为此在而存在于其中的世界，当我们试图界定人自身的历史性及其历史使命，我们无法回避对存在问题的追问，我们必须回到对存在本质的探寻。

"存在"问题本身就是一个不同寻常的问题，其本身意义体现在四重界限之内："在与形成"（being and becoming）、"在与表象"（being and seeming）、"在与思"（being and thinking）和"在与应当"（being and the ought）[②]。从西方历史传统追问存在问题，将存在问题限定于四维界限中具有独特的历史必然性。这种历史必然性表现为以如此形态呈现的在的敞开状态在西方历史起过规范作用，而历史传统本身又赋予了存在问题以特定的界限形式。

"形成"在赫拉克利特关于世界的认识中体现更为明显，而巴门

---

①　海德格尔.形而上学导论（M），熊伟、王庆节译.1版.北京：商务印书馆，1996，59 页。

②　海德格尔.形而上学导论（M），熊伟、王庆节译.1版.北京：商务印书馆，1996，95 页。

尼德则把存在者作为整体理解为"一"。"形成"与"一"在"在与表象"的联系中获得统一的意义,"形成就是在之一个表象"[①]。从"在"与表象的关联而言,巴门尼德与赫拉克利特的思想具有同一旨趣,"在与表象"与"在与形成"具有内在相属的特征。

"在与形成"与"在与表象"同时在"在与思"的基础上获得意义,"在与思是作为归属一起而同一的"[②]。"存在"与"思维"的同一性在此具有重要意义,人作为思想者的意义在此得到彰显。人的本质不是答案而是追问,这一追问与历史的本质相联系,并只有在与"存在"的关联中才能获得理解[③]。对人的意义理解最终导向对人之所以存在的终极意义的追问,这体现为"在与应当"的本质联系之中。

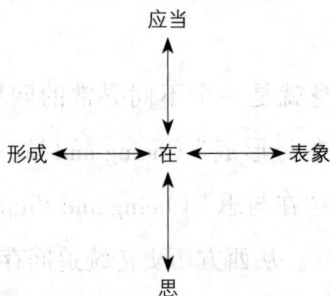

```
              应当
               ↑
               |
               |
  形成 ←——→   在   ←——→  表象
               |
               |
               ↓
               思
```

图 3.1　存在问题四区分示意图

资料来源:海德格尔著,形而上学导论(M),商务
印书馆,1996年6月第1版,195页。

---

① 海德格尔.形而上学导论(M),熊伟、王庆节译.1版.北京:商务印书馆,1996,115页。

② 海德格尔.形而上学导论(M),熊伟、王庆节译.1版.北京:商务印书馆,1996,139页。

③ 海德格尔.形而上学导论(M),熊伟、王庆节译.1版.北京:商务印书馆,1996,141页。

　　"在与应当"彰显了"存在"所具有的价值维度,"存在"不是仅仅存在,而是具有价值维度的"存在"。人作为此在,具有与"存在"的本质关联,也因而彰显价值意义。人不是单纯存在,而是在对价值与意义的探寻中展现自身存在意义。"在与应当"的界限使人作为此在面对"世界的没落"能够做出自己的回应。人赋予世界以精神意义,在成就自身卓越的过程中显现世界的价值。

　　对形而上学的追问与对人的存在意义的追问结合起来,可以回应"无"所预示和表征的"世界的没落"。但形而上学追问本身却无法单独为克服"世界的没落"提供方法论的指引,"诠释学"作为方法指引,可以指引我们在对世界所具有的隐喻理解中走出"世界的没落",建构人作为此在的意义基础。

3.2　"活的隐喻":"隐喻的真实"的概念

　　诠释学理论[①]与对存在的追问可以具有相同的指向。虽然追问指向的问题视域相同,两者在分析方法存在明显差异。从方法而言,"短程方法"与"长程方法"具有明显的差别。"短程方法"把解释学奠基在现象学中,通过这种方式把"理解恢复为一种存在的模式,而非一种认识的模式"[②]。"长程方法"则试图以解释的方式阐释存在的生

---

　　① "诠释学"(Hermeneutics)在国内也被翻译为"解释学";在本文中,本文遵照不同译者的处理方式而分别使用"诠释学"或"解释学",对两者的可能的区别不加讨论。

　　② 利科.解释的冲突(M).莫伟民.译.1版.北京:商务印书馆,2008,5页。

存方式，存在的方式只有在解释的基础上才能获得存在者自身以及他者的理解，"这是不停地在语言中并通过反思的运动而发生的"①。

"长程方法"的特点在于以间接方式接近存在问题，而不是通过"直接领会"或诉诸"思"而直接通向存在问题。当我们以语义学的方式解释符号时，我们不仅是在解释符号，我们也是在解释作为主体的我们自身。我们通过对自身的解释从而达到对自己生命意义的解释，我们以一种"被解释"的生存方式而存在。

人对自身的解释是在语言中而得以实现的，反思过程也只有在语言中才能发生。反思在语言中通过不断取消自身而发生，进而回到理解的存在论根据。"长程方法"同样把反思提升到存在论层面，但却是借助于对解释方法和反思过程在语言和文本解释中的结合而实现这一目标的。

"长程方法"通过间接方式而靠近存在问题的理论倾向在"隐喻理论"，尤其是"隐喻的真实"（metaphorical truth）②的概念中得到了明显的体现。"隐喻"处于"张力"之中，"张力"的具体形式表现在三个方面："陈述中的张力"、"两种解释间的张力"与"系词的关联功能中的张力"③。在不同形式的"张力"表现中，"隐喻"发挥着意义创造功能，使新意义的产生成为可能。

在"陈述中的张力"中，隐喻使"内容"与"手段"、"中心"与"框架"、"主要主词"和"次要主词"之间既相互冲突，又内在

---

① 利科.解释的冲突（M）.莫伟民.译.1版.北京：商务印书馆，2008，11页。

② "metaphorical truth"从字面翻译而言，似乎译为"隐喻性真理"更为适当。本文借鉴了汪堂家老师的翻译方式，采用了"隐喻的真实"的翻译方法。

③ 利科.活的隐喻（M）.汪堂家译.1版.上海：上海译文出版社，2004，339—340页。

联系，从而产生新的解释意义。在"两种解释之间的张力"中，隐喻一方面破坏了字面解释的适当性，另一方面则通过在字面解释看来是无意义形式而产生新的解释意义。在"系词的关联功能中的张力"中，隐喻一方面使"相似"中的"同一性"得以体现，另一方面也使"相似"中的"差异性"得以体现。"隐喻"正是在三重张力的背景中发挥着意义创造的功能，那么"隐喻"意义创造的功能，自身意义何在呢？

"在隐喻中，总是含有一种意义的'盈余'。"[①]"隐喻"的价值正体现在其所带来的"意义的盈余"。"隐喻"为"想象力"与"理解"之间建立起联系的纽带与桥梁。我们通过"创造性想象力"使意义在新的联系中得以产生，使差异在相似中得以凸显，进而带来了作为理解的新的可能。"隐喻"因此而呈现为作为"可能性的力量"。

隐喻并不否定字面解释，它在字面解释的基础上开辟新的可能性。如果我们承认人是有限存在者，承认人对文本的解释、对世界的认识、对自身的认知存在着局限性，那么我们就不能拒绝"隐喻"所蕴含的"意义的盈余"。"隐喻"为解释开辟新的可能的道路。在解释的道路上，我们不仅在解释文本，也是在解释自身。我们通过解释文本和解释自身而呈现自身作为被揭示的生存方式。

"隐喻的真实"同样处于"张力"之中。"隐喻"隐含"是"，但更强调"不是"。在"隐喻"中，"是"是间接的东西，"不是"是直接的东西。"是"通过"不是"而得以可能。"是"虽然是间接的东西，但对语言而言却具备本体论意义。"是"是语言的"信念因素"，

---

① 范胡泽著.保罗·利科哲学中的圣经叙事——诠释学与神学研究（M）.杨慧译.1版.北京：中国人民大学出版社，2012，80页。

是语言的"本体论承诺"。正是因为有了"是",语言才能超越自身而指向存在。当话语和语言自我消失,存在自身才能得以显现。我们只能通过语言而间接接近存在问题,而无法实现对存在的直接领会。

语言总是处于"隐喻"的状态之中,人们对于语言的运用也总是采用隐喻的方式。以逻辑经验主义为代表的理论倾向,试图以"字面的真实"来否定"隐喻的真实",这是不可能实现目的的,因为事实本身在语言中是无法达到的。我们总是通过语言的面具而表达事实,而无法摆脱语言的面具。我们所能做的只是有意识地用新的面具来代替旧的面具。

隐喻理论为我们理解真理(真实)的本质指引了方法论方向,不仅向我们指出了反思所应达到的存在论层面问题,而且具体论述了我们所应遵循的方法。我们在语言中理解存在,但存在的本质向我们遮蔽而无法直接达到。当我们试图对我们自身存在于其中的世界获得理解时,我们只能通过语言而间接接近存在问题、间接达到对世界的理解。"隐喻"不是语言的附属特征,而是语言之为语言的本质特征。不存在语言的非隐喻状态,只存在对隐喻的理解或误读。

我们希望获取真理,但真理只以"隐喻的真理"的形态呈现。"隐喻的真理"向我们表明,真理总是以不同的隐喻形态、以"是"与"不是"双重意义向我们显现的。我们可以追求更好的隐喻形态,但在追求更好隐喻的过程中,我们无法不用隐喻。真理总是以遮蔽的形态显现自身,隐喻总是在字面意义的基础上负载意义的盈余。正是在隐喻的基础上、在语言的运用中,我们不断接近真理。

3.3　人文科学与科学主体：人文科学的隐喻分析

3.3.1　相似性隐喻

"直到 16 世纪末，相似性在西方文化知识中一直起着创建者的作用"[①]。相似性的具体作用体现为四种主要类型，即"适合"、"仿效"、"类推"与"交感"。不同的相似性形式在创建知识的过程中发挥着不同的作用，使相似性作为对世界的隐喻性理解将真理在其所是中加以呈现。

凭借着"适合"，相似性使物的秩序在世界的整体中得以呈现，世界并不表现为不同的物在空间上杂乱无章的堆积，而是呈现为由"适合"所导向的秩序形态。世界的空间秩序在对世界的隐喻性理解中使自身成为可能，物的秩序也在物与物的相互联系中得以确定。

"仿效"则排除了由位置所决定的空间联系而指向物与物之间的"契合"。"仿效"并不使世界成为相互联系的统一链条，而是形成彼此对照的参照系统。在"仿效"中，相似性的隐喻不因距离而使自身无效，而是在所有的宇宙空间中使物与物之间在相互对照中相互联系。

"类推"作为相似性的形式，借助于"关系相似性"使相似性在更广泛的范围内成为可能。"类推"不需要"适合"得以确立自身所需要的位置—空间联系，也不需要"仿效"所要依赖的直接"契合"。"类推"存在于微妙的关系相似性之中。关系在宇宙中无处不在，关

---

① 福柯.词与物——人文科学考古学（M），莫伟民译.1 版.上海：三联书店，2001，23 页。

系相似性在不同的相互联系中以不同方式呈现自身，"类推"也因而在关系相似性中衍生自身，进而拓展到无限的关系之中。

"交感"是不同于"适合"、"仿效"与"类推"的相似性形式。"交感"与"恶感"相对应，交感只求同一性，恶感保持差异性。在交感与恶感的共同作用中，相似性的其他形式获得了其存在的可能性。相似性的所有形式在"交感"与"恶感"的相互作用中得以实现，世界的同一性与差异性通过"交感"与"恶感"的作用而得以显现。相似性的四种形式让我们看到了相似性得以发挥功能的具体路径，但相似性的形式并没有直接向我们指引相似性自身的所在之处。相似性需要标记才能被人们所识别，符号则构成了人们识别相似性的标记。

在符号与相似性的内在联系中，符号在相似性内部的不同形式中得以规定，符号需要解释才能使自身的意义被人所理解。释义学揭示符号所代表的意义，符号学则探讨符号识别的规律。相似性的世界隐喻式理解，使知识话语在对事物的诠释过程中展现自身。

科学体现为对相似性形式的把握，知识则是对意义内涵的提炼。科学以符号学所引导的相似性体系为基础得以构建，知识则以释义学的意义探求为基本形式形成自身。科学与知识在相似性的基础上形成了世界得以被认识的界限，科学与知识的体现形式则决定了主导16世纪的"认识型"。

由相似性所主导的"认识型"使知识同时具备"过剩"与"贫乏"的特征。知识的"过剩"体现在相似性使知识无所限制，相似性总是在发现新的相似性的过程中使知识的无限制扩展得以可能。知识的"贫乏"则体现在相似性使知识永远指向相同的物，知识在相似性的指引下赋予世界以秩序，确定世界的界限，但同时也使知识自身的

"贫乏"在同一中得以凸显。

　　语言在以相似性为隐喻形态而通向世界理解的"认识型"中，扮演着重要角色。在语言与物的关系中，语言由于构成了相似性与记号的显现形式而与物呈现为直接同一关系。真理对于语言与物而言是一致的，语言并不表现事物，而是直接体现为物本身。

　　语言的"物"的地位使知识的形态呈现特定特征，语言的"物"的地位使建构语言与物的统一关系成为知识关注的焦点内容。知识的内容也体现为探讨语言内部的相互关系，借以在把握语言的基础上建构语言与物的统一秩序。知识并不将自身建立在对外部世界的直接注视观察和逻辑证明之中，其主要形式体现为对语言意义的阐释。

　　以相似性为基础的认识型中，符号具有特殊形式。相似性使符号体系的三元特征归结为相似性单一形式之中，这一方面使以相似性为基础的认识型得以可能，另一方面也使相似性逐步瓦解而导致的文化重组得以可能。当相似性瓦解时，表象将替代相似性而使文化重组和知识构建得以可能，世界的隐喻性理解也将由相似性隐喻走向表象隐喻，这一文化重组过程以古典时期为其开端。

　　相似性隐喻构成了科学知识得以可能的世界理解方式前提，只有在以相似性隐喻为形态的世界理解方式中，科学知识的特定形式才是可能的。与科学知识的形式相联系，科学主体以特定历史形象呈现自身的特征。科学主体的建构以科学知识的形式为前提条件。在相似性隐喻下，科学主体的形象由于相似性隐喻所呈现的科学知识形态的直接性而显得模糊不清。科学主体在相似性隐喻之下，无法获得自身存在的基础，科学知识以直接显现的相似关系体现，主体与客体的区分在此形式中并不必要。相似性隐喻使我们认识到，科学主体并不是科学知识得以可能的必要条件，其自身的可能性却建立在科学知识形态的基础之上，而科学知识形态的体现则以对世界的理解为前提。当我们对世界有不同理解时，科学知识和科学主体也会相应变化其体现形式。

3.3.2　表象隐喻

相似性所确定的"认识型"将"词"与"物"以记号形式而连接在同一性之中。古典时期则带来了"词"与"物"各自的独立运动，"词"与"物"之间不再呈现为同一性，而是在差异性中各自成其所是。古典时代与文艺复兴时期相比，开启了知识的断裂空间。在古典时期，"同一性"与"差异性"取代"相似性"成为建构知识、构成"认识型"的基本关系领域，进而指引着世界秩序的形成路径。古典时期与文艺复兴时期在知识形式上的"间断性"为我们理解知识的隐喻内涵提供了认识路径。

"间断性"是福柯分析"知识型"的关键概念。相似性是文艺复兴时期"认识型"得以构建的指引线索，同一性与差异性则成为古典时期"认识型"得以建构的核心要素。在文艺复兴时期与古典时期之间"认识型"的演变具有明显"间断性"的特征。"间断性"并不具有脱离自身的外在意图，而是在不同的隐喻性世界理解条件下文化自身所展现的不同思考可能性。"间断性"使"词"与"物"之间的秩序联系显现不同的可能性，进而使知识的形态以多种面貌呈现。

在17世纪，"理性主义"取代"相似性"而成为"认识型"的主导观念。"理性主义"替代了相似性对于世界的隐喻性理解，而把"科学秩序"引入对于世界的理解之中。在"科学秩序"的视域中，"相似性"所带来的对于世界的理解是陈旧的迷信或不可思议的信念。

"理性主义"在引入新的世界隐喻过程中替代了"相似性",当它建构起对世界的完整理解时,却力图掩盖自身隐喻的性质而试图将自身塑造为必然真理。

"理性主义"对"相似性"的"认识型"替代,对于知识而言意味着更改。这些更改具体表现在以下方面:分析取代了类推,全部知识领域由于分析而成为可能;"证明"保证"相似性","相似性"则无法直接成为构建知识的有效方式,而只有在同一与差异的相互比较中、在秩序的话语体系中才能呈现自身的有效性;必然性取代可能性,相似性通过可能性而开辟秩序的可能形式,比较则通过必然性联系而达到同一性与差异性的绝对认识进而确定世界的秩序;"差异性"取代"相似性","理性主义"将识别置于知识的优先位置,以直觉把握事物的表象,进而分析在事物相互联系的系列中各个因素之间的必然联系;"认识"等同于"识别","词"不再是"真理"的标记,而只是表达科学认识的方式。物的秩序也从历史领域分离出来,而成为科学为自身指定的认识与识别对象①。

"理性主义"将知识置于相似性世界分解的基础之上,相似性世界的"认识型"分解为"理性主义"知识的诞生确定前提条件,"相似性"与"理性主义"之间的转换过程呈现出"间断性"。我们不需要在两者之间寻求必然性的联系,我们只需要承认两者是不同的组建知识的"认识型"形式就足够满足我们对知识的探求。

古典主义使符号与世界的关系发生了转变,符号与世界不再通过相似性而与自己所指称的对象相联系。古典主义通过三方面的因素来

---

① 福柯.词与物——人文科学考古学(M),莫伟民译.1版.上海:三联书店,2001,73页。

限制符号的指称作用：关系的起源、关系的类型与关系的确实性。古典主义用以上三个因素取代了文艺复兴时期相似性对于符号认识作用所发挥的限定功能。

古典主义借助于关系的起源所指引的符号功能，使知识和预言的区分得以可能。古典主义将符号置于认识关系之中，使符号的指称功能在认识活动中确定自身的确实性与或然性。符号不再被视为源于上帝的神圣启示，也不再开启对世界秩序的神圣预言。古典主义以"理性主义"的认识形式，赋予符号以新的表象功能，符号从此脱离于物而具有独立的认识功能。

古典主义借助于关系的类型而使符号与分析过程相联系。符号与分析过程存在着双向联系，符号一方面是分析过程的产物，符号在分析过程中而获得自身的意义与确定性。另一方面，符号指引着分析过程，构建了分析过程网络而使世界秩序在认识过程中得以确定。

古典主义借助于关系的确实性扭转了自然价值与约定价值的价值位阶。人工符号的价值体现在自身与自然符号的相似性之中。在古典时期，人们将约定符号的价值置于自然符号之上。人工符号成为"理性主义"有效认识指引，使认识过程区别于"自发的注意"与"本能"，为自身确立了科学的地位。在古典时期，符号在表象的隐喻理解中发挥功能，表象取代相似性而成为赋予符号以意义的"认识型"形式。在表象的世界中，表象是被表象物的透明展现，表象因被表现物而具有秩序。被表象物所具备的秩序也完全向表象展开，存在于符号的表象之中。

在相似性的世界中，符号是认识的工具和知识的钥匙。在表象的世界中，符号与以表象形式存在的整个思想共存，并贯穿整体思想。符号构成了意义显现的可能性条件，它与意义在表象的世界中相互联系，成为意义显现的唯一路径。在古典世界中，表象的世界将相似性与认识领域相隔离，而将符号置于表象的核心位置。古典时期的表象世界介于文艺复兴时期和 19 世纪之间，表象世界以特定的"认识型"为基础建构认识领域。当表象世界所确定的"认识型"如同相似性一样，逐渐达到自身的分裂边缘时，表象世界也会被新的"认识型"所替代，并注定要消失在知识发展的历史轨迹中。

在表象隐喻中，世界在同一性与差异性的分类中获得统一的秩序。科学知识以符号替代了相似关系，符号分类赋予世界以普遍秩序。科学知识的这一形态使科学主体具有与之相联系的基本特征。科学主体体现为围绕符号而展开的秩序本身，其自身消散于符号所赋予的世界整体秩序之中。相似性隐喻所导致的科学知识所具有的直接性特征使科学主体失去了自身的根基，表象隐喻则使科学主体在符号所确定的普遍秩序中演变为普遍秩序的单纯体现者，科学主体自身也因而成为符号系统的组成部分。

3.3.3 "思"的隐喻

表象的界限同时也是古典思想的界限。在古典思想的终结处，新的话语形态将会出现，新的话语形态也只有在新的知识隐喻中才能获得理解。新的知识隐喻在语言中得到充分体现，语言在哲学反思中具有了不同的地位与作用。语言对于新的思想方式以及知识隐喻的新的形态至关重要，认识型以及知识方式在知识考古学中所呈现的断裂性特征再一次得到印证。围绕着"语言是什么"这一核心问题，以话语的新历史形态为指向，新的知识方式在新的知识隐喻中得以逐步形成。

古典思想与新的知识形态对于人的认识具有根本差异。古典思想在同一与差异中赋予世界以秩序，将对人的关注限制在种或属的探讨之中，在此"并不存在关于人本身的认识论意义"[1]。在古典思想以表象为基础的认识型中，人的形象消失在世界整体图像之中。古典思想将人嵌入在与自然的功能性联系之中，知识则是实现人与自然这一功能性联系的方式与途径。依据知识，我们可以预测与把握人性自身，人并不以任何主体地位而获得自身超越于自然实在的独特位置，也并不具有区别于其他客体的独特属性。人以及相关于人的"人文科学"在古典思想中被排除掉了。

在现代思想的知识隐喻背景下，古典思想所指向的生命、劳动和语言获得了新的形而上学形式。现代思想将人置于限定性分析的核心位置，人作为限定性因素成为传统形而上学的终结形态，对于生命、劳动和语言的反思在现代思想的背景中宣告着传统形而上学的终结。现代思想中，形而上学的终结与人的出现这一事件是相一致的。人作为存在者具有经验与先验双重意义，人作为存在者使一切知识成为可能。

在有限分析中，当我们强调人的经验层面，我们会通向实证主义或末世学类型的思想。当我们强调人的先验地位，我们会通向以现象学为基础的思想。无论是经验分析，还是先验分析，以人类学公设为基础的知识隐喻，对人而言都意味着危机。当现代思想将人作为经验分析与先验分析的核心因素置于认识型的中心位置时，这同时也意味着将人置于危险的境地之中。人处于自身的有限性之中，知识与真

---

① 福柯.词与物——人文科学考古学（M），莫伟民译.1版.上海：三联书店，2001，402页。

理只有通过人的有限性才能获得自身存在的根据。现代思想在把人的地位提升到其前所未有的高度的同时，也同时把人置于虚无的境地之中。知识与真理在这里已经可能成为人自身的虚幻假设，世界也可能只是人思想中的主观投影。经验分析与先验分析试图为人确立主体性地位，但在这一过程中，世界却向人的思想中隐藏自身，人自身的形象也在世界的退隐中变得逐渐模糊不清。

人的形象在经验与先验的对子中使自身处于悖论之中。经验的完满性特征使人的形象失去了我思的直接性形态，先验的独立性使人的形象失去了对象的客观性形态。那么，人的形象应如何确定自身的基础？人如何实现经验与先验在自身中的相互联系呢？

与康德思想相对照，现代思想经历了四重转换："真理"向"存在"的转换、"自然"向"人"的转换、"认识的可能性"向"原初不解的可能性"的转换、"科学"向"哲学"的转换[①]。存在与人成为现代思想反思的核心所在，原初的不解与哲学意识取代了认识与科学曾经的地位。现代思想在这一转换过程中实现了认识型的重构。在新的认识型中，新的知识隐喻得以可能。

现代思想在"思"的隐喻中构建人的新形象，在"我思"与"非思"的联系中开辟思想的道路。人在"我思"与"非思"的思想关联中处于重要的位置，只有通过对于人的存在方式的影响与改变，"我思"才能走在通向"非思"的道路上，并进一步有可能把握"非思"。在"思"的隐喻中，现代思想并不是思辨形态。现代思想并不试图在道德反思中为行动确立普遍原则，而以行动方式取代思辨形态

---

① 福柯 . 词与物——人文科学考古学（M），莫伟民译 . 1 版 . 上海：三联书店，2001，421 页。

以彰显人的形象。人在"思"的隐喻中不再是以思辨主体的形式显现自身的形象，而以行为主体的方式使"我思"与"非思"的联系成为可能。

当人的存在方式成为知识得以可能的前提条件，当知识同时需要对人自身做出反思时，起源问题进入知识领域成为知识领域中的核心问题。人自身存在的权力一方面使人自身远离自身的起源，这使起源问题与人的存在方式相联系而不能被视为从外部给定的。另一方面，人自身存在的权力又是唯一通向起源问题的道路，只有在理解人自身存在方式的过程中起源问题才能得到充分揭示。

在现代思想中，起源问题对人而言是遮蔽的，起源问题以退隐的方式呈现自身。现代思想使人直面人的存在与时间的相互关联。时间性显现于人与其存在不处于同时代之中，时间性赋予人的限定性以新的形态。人的限定性使人生存于其时代之中，人的存在却使人在不同于其生存时代的历史中寻求时间性。人的存在与时间之间始终存在着难以直接逾越的障碍。人作为具有限定性的存在，如何通过其所处的时代领会自身存在的意义，这始终是人必须直面的问题。对现代思想而言，人的存在方式具有根本意义。

起源隐喻将科学知识的可能性与人的存在相关联，这使人的存在在科学知识的历史可能性中占据重要位置。时间以起源的形式赋予科学知识以历史可能性，科学知识在历史起源中确立自身的根基。科学主体在起源隐喻中展现了自己潜在的可能性。当科学知识是以起源为基础逐步演化而来时，科学知识的具体形态与科学主体所具有的认识作用之间的联系就变得具有历史可能性。世界不再是以相似性体现的直接性，不再是以表象呈现的秩序。世界是在时间中具有起源的演变过程，科学知识也因此具有不同历史特征。当科学知识依赖于科学主

体揭示其自身历史内涵时，科学主体自身的必要性在科学知识的形式
中也逐步加以体现。

3.3.4　人的隐喻

现代知识只有在现代认识型中才具有自身的根据，现代认识型的
三个方向分别确立了演绎科学、经验科学与哲学反思。人文科学所处
的认识型的复杂性使人文科学具有不稳定性的基本特征，人文学科只
有在这三个方向所构成的空间中才能获得自身独立的位置。

人文科学的特性在于以认识的外在形式去追寻人自身以限定性呈
现的内在性。人文科学在其自身内复制人的形象，以其复制的人为自
身确定对象。它始终不具备实证性所要求的精确性特征，这是由其看
待人的存在的方式所决定的。人文科学将对人的分析置于限定性、相
对性和透视性的隐喻之中，并试图将对人的隐喻性理解纳入科学的
隐喻之中，在此过程中人文科学的隐喻话语得以构建自身。人文科学
领域与三个认识论领域相联系，这三个认识领域是由人文学科与生物
学、经济学、语文学之间的三重关系所确定的。生物学、经济学与语
文学为人文科学提供了知识的基本范畴，后者借鉴前者形成了自身对
人的形象加以建构的构成模式。

在生物学意义上，人接受刺激和对刺激作出反应，人协调环境与
自身的关系并使自身履行生命体应具有的各种功能。在经济学意义上，
人处于冲突之中并建立各种组织以及规则以实现对冲突的控制。在语文
学的意义上，人处于融贯的整体和符号体系之中并借此形成完整的存在
意义。人文科学以生物学、经济学、语文学为指引形成了完整了研究领
域，在生物学、经济学、语文学的不同隐喻中经历了研究模式的转变。

现代思想背景下，历史与对人的存在的限定性理解相互对照。人文科学自身了经历了不同的历史形态，历史主义在不同的人文科学形态中确定历史与人文学科之间的相互联系。历史主义以历史的形态在对绝对的追求中消解限定性，并使人文科学的认识主体的历史实证性限制得以呈现。但人文科学也在以限定性为指引来反对历史主义对人文科学的宰制。对于人文科学而言，限定性恰恰是使关于人的实证性知识成为可能的条件所在。人文科学并不在历史普遍性中寻求对人的存在的理解，人的限定性成为通向认识人的存在的路径。

人种学与精神分析在现代知识中占有特殊的位置。人种学与精神分析在人的消解过程中相互联系。人种学与精神分析的共同点在于个体与社会之间的相互依存结构，精神分析将个体经验归结为社会结构的某些可能选择，人种学将群体所形成的社会结构确定为塑造个体的因素。精神分析与人种学通向了不同的描绘个体经验与社会结构之间可能联系的理论路径，但两者同时使关于人的实证知识的基础不断得到削弱。

与人种学、精神分析相联系的语言学同样具有"反—科学"的特征，并形成了对人文科学的质疑。语言学与人种学、精神分析相类似，并不关注人本身。这三门反科学导向了一种使人终结的方向，人的科学形象消散于使之成为可能的起源。与现代认识型相伴随的是语言向客观性的转变和语言多种形态重新出现的两种趋势的同时出现。语言形态的多样性使以客观性为其追求目标的现代认识型逐步趋向于没落。以现代认识型为基础的人的特殊存在方式逐步失去其存在依据，人也随之逐步消亡。奠基于现代认识型的人文科学并没有导致对人自身的真正关注。人文科学在现代认识型的指引下通向了对人自身的忽视。

福柯的人文科学考古学历程揭示人既不是科学知识的永恒对象，

人也不会占据现代知识中具有永恒位置。现代认识型所赖以存在的隐喻话语使人的形象在人文科学中逐步消散。但我们同样可以期待，在未来的可能认识型中，人的形象会以新的历史形态重新进入知识的视野。

3.4 人文科学与科学形式：人文科学的语用学分析

3.4.1 言语、分类与交换的语用学分析

语言在话语建构中发挥着核心作用，其在话语建构中通过综合选择过程而发挥作用。古典思想并不把语言视为思想的外部效果，语言表现为思想自身。正源于此，在古典思想的结构中，语言使自身在思想中消失，这构成了语言在文艺复兴时期与古典时期不同存在形态的显著特征。

当语言试图确立起与自身的关系时，批评与评论成为语言得以展现自身功能的两种方法。批评与评论成为语言在以表象为隐喻的认识型结构中确立自身位置的主要方式，尽管这两种方式在多数历史时期中处于对立的位置。语言以话语形式在古典思想中发挥自身的功能。作为话语而言，"话语只是被词语符号所表象的表象自身"①。语言以话语的形式将自身融入表象之中，并以词语符号为载体展现自身的表象意义。借此，语言在其整体结构中获得自身意义。

① 福柯.词与物——人文科学考古学（M），莫伟民译.1版.上海：三联书店，2001，108 页。

　　语言必须借助于普通语法才能建构自身的话语结构，普通语法为词语的功能结构确立了形式基础。普通语法使作为话语载体的词语符号之间的意义得以呈现，词语符号之间的同一性与差异性在普通语法范畴内得以显现，进而普通语法为话语的可能形式确定基础，并使语言以话语结构形态发挥功能成为可能。

　　命题构成了语言作为话语功能结构的基本单位。动词将作为符号的词语进行综合，并在词语的综合形式中使符号的表象功能得以实现。与普通语法的功能与意义相类似，动词在话语结构中展现自身与语言的存在方式，并使语言的表象功能得以实现。

　　在古典思想的话语结构中，语言以命名的方式表达意义，并实现其表象功能。命名使语言以命题的方式建构话语结构成为可能。语言在命名中使词语在意义表达中呈现词语之间的同一性与差异性，同时使意义表达与命题结构相一致。当古典思想把语言视为命名过程时，语言作为命名过程与语言所指代的对象之间具有必然联系，词根语言的命名功能与指明功能相互协调起来。

　　词语同时可以获得比较宽泛和临近的意义，词语意义存在着衍生现象。词语的意义衍生涉及不同的原理。词语借助于物与物之间的相似性与邻近性获得比喻意义，在书写过程中通过叙述词的意义以及分析和重构词的声音而获得书写意义。语言在衍生意义上形成了自己的空间，从而进一步扩展了表象的范围与功能。词语在自身的空间中，而不是在时间中，确定自身的位置与功能，并返回语言反思的出发点。词语的衍生意义与修辞方式内在于命题的可能性之中，并借此使表象在自身的意义结构中得以展现。

　　古典思想以表象为核心要素将四种理论整合成完整的话语结构，在整体的话语结构中使意义成为可能。表达赋予命题以内容，命题构成表达的形式，表达与命题、内容与形式在相互区别中相互联系，共同构成了完整的意义结构。

指明理论使名词联接成为可能，它与表达理论以直接性与一般性的形态相互区别。衍生理论将词语的意义演变归结为从其源头的连续变化，表象的变动则将差异性因素引入词语的意义变化之中。衍生在修辞空间中使意义表达得以实现，命题则在连续性中以秩序的形态将表达纳入统一形式之中。命题、表达、指明和衍生共同构成了古典话语的统一性结构。

命名与分类在自然史的框架中仍然发挥着重要作用，正如它们在言语中所发挥的作用。自然史通过命名与分类赋予物与词语以相同的秩序，将生物之间的秩序与建立在物之上的语言所呈现的秩序相互联系起来。命名与分类则成为连接两类秩序之间的方法论准则。自然史与词语共同在表象的意义结构中构建自身的可能性，并使自身所建构的秩序之间相互协调。

在 17 世纪和 18 世纪的自然史领域中，植物学秩序比动物学秩序更受到关注。就其原因而言，这与自然史对命名与分类的强调密切相关。自然史在命名与分类的结构所确定的认识型中，将植物学置于优先于动物学的位置。自然史的特征反映了表象的一般要求，通过命名与分类使生物在表象中展现秩序。自然史所运用的符号，只存在于表象之中，在表象结构中，分类与分类的可能性构成了差异性的基础，差异性限定着同一性并使同一性成为可能。事物在表象结构中成就自身之所是，表象在分类中确定同一性与差异性，这就是自然史向我们所展现的生物秩序及其基础。

古典时代的自然史具有两种观念形态："固定论"与"进化论"。在古典自然史的框架下，"固定论"与"进化论"是相互补充的，同时是不可还原的。"固定论"构成了自然史对自然存在物进行分类的观念基础,"进化论"则被视为是对发生在生物外部的可能变革的称号。"固定论"与"进化论"共同构成了分类的观念基础,自然史在分类中实现了对秩序的理解。

古典时期,财富分析与普通语法、自然史共同处于以表象为核心要素的古典认识型中。财富分析不同于普通语法、自然史之处在于财富分析在重商主义形态下呈现出历史粘滞性特征。货币在重商主义之后其形态与地位都发生了变化,财富分析在古典思想中以货币—表象理论形态呈现。货币与价格在财富运动的表象结构中表现财富,财富分析与自然史共同处于表象的话语结构之中,并在古典思想的认识型中获得自身的意义。

重农主义对于财富的理解区别与重商主义,重农主义将自然的作用引入财富分析之中。重农主义将对财富的分析指向自然,自然成为价值的源泉并先于财富体系而存在。重农主义的分析与语言分析中对词所使用的方法是类似的。重农主义与语言分析共同存在于古典主义所指向的认识型中,并在表象结构中获取意义。

古典主义以表象为基础结构构建话语体系,进而实现对财富、自然和语言的理解。古典主义的话语结构只有在以表象为结构核心的话语运用才能得以理解。话语在运用中呈现意义,知识在认识型中得以可能。这是福柯对于古典主义思想中语言、自然史、财富所作分析给我们带来的最大启示。

3.4.2 劳动、生命和语言的语用学分析

在 1775 年至 1825 年之间,这一历史时期划分为两个阶段。这两

个阶段的分界线与连接点处于 1795 年—1800 年之间。第一阶段彰显
了表象作为知识基础的界限所在，第二阶段则具体体现了知识隐喻的
新的历史形态。

亚当·斯密将劳动的度量引入政治经济学的分析从而彰显了古
典时期经济思想所包含的知识隐喻界限。与古典时代相区别，对于斯
密所创立的政治经济学形态，"劳动"成为政治经济学在新的知识隐
喻下的关键因素。斯密所开启的对于政治经济学的新理解为我们把握
古典时代之后知识隐喻的转型提供了借鉴。在这种政治经济学的理解
中，对人的本质与对象的质疑具有了重要意义，财富交换不再具有核
心重要地位，财富的真实生产成为经济学关注的主要对象。

自然史领域发生的根本变化体现在有机与无机之间的根本区分。
有机与无机的根本区分以及生命与非生命的根本区分在自然史所赖以
发展的新的知识隐喻中得以结合。正如劳动的度量将对财富的关注引
向对于人作为劳动主体的关注，有机与无机、生命与非生命的根本区
分也通向将知识隐喻的关注对象引向作为生命载体的人自身。

语言逐步演变为以话语的形式在人际交流之间确定其意义与内
涵。词的内涵与意义在词与词所构成的话语中呈现意义。语言在话语
形态中将自身的意义与语言主体的观念、认识、情感相联系，它也由
此在表象的隐喻中指向语言主体，并为自身设定了意义界限。

表象的界限通向对于人的科学探索。康德的批判哲学为理解表象
的界限提供了思想基础，同时康德批判哲学也为以人为核心问题的形
而上学提供了可能。表象隐喻在批判哲学中走向自身的界限，并在其
中确定自身的源头。批判哲学试图通过为表象确定基础，并借以界定
表象的合理性范围。批判哲学对认识型带来了重要影响。以批判哲学
为基础，表象不再成为认识型的主要形态，认识形式不再依靠经验形

态获得自身合理性的基础。人的主体性超越经验领域并试图为经验领域奠定合理性的基础。当表象隐喻达到自身的界限并走向作为认识型的终结时，我们将迎来对人自身的新的理解形式。与此相联系，人文科学也将展现自身新的形式，并在新的隐喻话语中确定自身的知识界限。

在表象的范围内，生命、语言与劳动以分类为基础赋予世界以秩序。当认识型以断裂性形态不再将自身局限于表象的隐喻话语，知识形式将面临新的义务。对象不再是知识关注的主要目标，对象何以能够为我们所认识则成为知识应考察的内容。知识认识形式的变化主要发生在 18 世纪与 19 世纪交界之处，李嘉图的经济学著作、居维埃的生物学著作和博普的语文学著作对认识形式的先验转向进行了分析。

李嘉图的经济学说与斯密的经济学说具有明显差异，在两者的学说中，劳动具有不同的地位与作用。李嘉图将劳动置于价值源泉的基础性地位，这使其经济学说区别于斯密。与此相联系，李嘉图经济学说也将生产过程置于优先于流通过程的位置。李嘉图将劳动置于经济思想的核心位置为经济思想带来了重要结果。这首先体现在经济领域中新的因果序列的确立，价值的确定不再依据相互表征的各种因素，而是由劳动形式与劳动量所决定。其次，经济学中被引入了匮乏的观念，匮乏不是由于人们试图拥有和表象自己不具备的物品，而是由于自然限定性所导致的人及其劳动的匮乏。第三个结果则与经济学的发展有关，经济学由关注人的需求逐渐向关注人自身的限定性过渡。由李嘉图的经济思想所引发，在 19 世纪初，新的知识排列出现了。人以其限定性的形态进入了经济学关注的视域之中；知识的生成与世界的图像在人的限定性中得以展现。

居维埃的生物学则使生命形态具有不同于古典时期的理论特征。

生命摆脱了古典主义的"机械论"路线，生命成为独立的考察领域，具有与非生物不同的存在特征。与李嘉图的经济学相类似，居维埃的生物学将历史性引入对自然的考察，生物从其可能具有的历史性被加以描述。生物的历史性考察虽然并没有以进化论为基础的生物史的形式得以展现，但生物的确是在其发展的可能历史形态中得以考量。从生命与历史性的联系出发，生命被赋予了优先于非生命的历史地位。生命是存在的普遍法则，非生命只是维持存在，是生命的意志体现。居维埃的生物学将生命对存在的根本意义集中展现出来。

语法领域发生的重要变化体现语言成为认识对象。语言作为对象进入认识领域，和其他认识对象处于同等的认识地位，从而丧失了语言在古典主义知识领域中所具有的透明性和主要功能。语言在成为纯粹认识对象的过程中也获得了补偿。语言在历史传统中被赋予了价值批判功能。语言作为纯粹的表现方式而呈现自身。语言在新的历史话语结构中展现自身新的角色，语言在新的历史情境中为对人的理解提供了新的可能。

3.5　福柯与费耶阿本德：知识考古学与无政府主义知识论比较

3.5.1　《反对方法》：费耶阿本德论科学

福柯在《词与物》中所展现的"认识论"立场一般被认为具有"相对主义"倾向，也因此经常受到质疑和批判。与福柯相比，费耶阿本德^①的"无政府主义知识论"更具有"相对主义"倾向。通过与费耶阿本德"无政府主义知识论"的比较，福柯在"认识论"方面所表现的思想特征能够更加清晰地得到呈现。费耶阿本德的"无政府主义知识论"是理解福柯"认识论"思想的有效参照。

"科学是本质上属于无政府主义的事业。"^②。"无政府主义"作为"认识论"和"科技哲学"的备选方案，具有超越于其他理论的吸引力，原因在于其不认可用统一的法则与秩序来指导和规范科学研究和知识生产。任何原则都注定会被打破，这并不是偶然事件。

"反对方法"，并不是不承认方法的存在，而是反对根据预先确定的法则而限定方法选择的范围。在方法论上，科学应坚持"多元主义"，对方法合理性的判断并没有唯一合理的原则或权威。从这一意义而言，"反对方法"就是反对方法论上的"一元论"。通过倡导方法论多元主义的方式鼓励进步，科学可以帮助实现"人本主义"所指向的人性完善。科学目标的实现通过创造知识而实现。

"创造"与"理解"是难以分离的一个过程的两个方面，我们借助于"创造"发现事物，我们借助于"理解"赋予事物以意义。"事物"与"意义"是同时伴生的。没有"意义"的事物，对于我们而言，是无法认识的。"创造"与"理解"的过程不是受到"理性"指引的过程，"理性"是在"创造"与"理解"的过程中为实现秩序的目的而附加的外在境况与理想。"创造"与"理解"所从属的过程是

---

① 费耶阿本德（1924—1994），奥地利裔美国科学哲学家，以无政府主义知识论著称。

② 费耶阿本德.反对方法——无政府主义知识论纲要（M）.周昌忠译.1版.上海：上海译文出版社，1992，1页。

受"激情"指导的，生命的"激情"指引我们"创造"与"理解"我们身处其中的世界。当"激情"被平淡的生活所遮蔽，当"理性"的起源被我们所遗忘时，"理性"才成为衡量知识与科学的权威标准。

　　无政府主义对"进步"采取了最具包容性的理解方式，它并不试图去确定"进步"的唯一标准，而是为不同的"进步"标准开启共存和发展的可能性空间。"无政府主义"并不试图去替代传统科学模式而建立统一的原则与秩序，它试图在"多元主义"的基础上开启进步的可能路径。在这里，我们可以看到"无政府主义"对科学与进步所抱有的"激情"。在"无政府主义"指引下，各种"进步"的理念都可以获得自身存在的合理性，各种"科学"方法都可以被付诸实践，这就是"无政府主义"所理解的"人本主义"。

　　"怎么都行"[①]作为基本原则，是"无政府主义知识论"的标志性命题，但这条基本原则也是最容易受到误解的原则。"怎么都行"指向方法论的"多元主义"，但并不是说一切方法都是具有同等价值的。"怎么都行"指向包容性原则，但并不是说不同方法之间是毫不相关地混杂在一起。"怎么都行"作为基本原则，试图为知识与科学开启广泛的可能性空间，进而促进不同意义上的"进步"观念的实现。以"怎么都行"原则为指引，不同的方法在实践过程中能够相互借鉴，在方法的差异性中体现历史本身呈现的丰富性。我们不能简单地把"怎么都行"原则等同于"相对主义"原则而加以否定和排斥，尽管在"怎么都行"原则之下，"相对主义"可以获得存在的合理性。"怎么都行"原则指向科学与知识的"进步"，尽管这一"进步"概念是包容性的。

---

　　① 费耶阿本德. 反对方法——无政府主义知识论纲要（M）. 周昌忠译. 1 版. 上海：上海译文出版社，1992，6 页。

"多元主义的方法论"是"无政府主义"知识论在方法论方面的基本主张。对于科学理论与经验的关系，"无政府主义"知识论坚持理论应在与其他理论的比较中体现其经验性特征，而不是在与经验的联系中证明自身的合理性。经验本身就是理论构造的一部分，理论会创造出与自身相符合的经验形式。当我们试图用经验去验证理论的合理性，其实我们无法论证任何理论的必然性。理论只有在与其他理论的比较中才能体现自身的经验性内涵。理论应借鉴和吸收其他理论，而不是将其他理论简单抛弃。

当我们面对一个科学理论时，我们如何能够确定这个理论自身的合理性呢？我们如何去检验我们一直在运用的理论的合理性呢？当我们面对一个理论时，我们同时也面临着这个理论所刻画的世界，理论是世界的模型。当我们在不同理论之间进行选择时，我们也是在不同理论所刻画的世界中进行选择。如果我们希望对我们自身所处的世界做出评判，我们需要"梦幻世界"，尽管我们自认为的现实世界也许最终也可能只是"梦幻世界"。

"理性"一般被认为是知识和科学的合理性保证，这也是为什么"无政府主义"知识论将"理性"置于批判的中心位置。"无政府主义"知识论的目的在于以"理性"的方式否定"理性"的权威地位。无政府主义拒绝承认权威的合理性地位，坚持"多元论"的立场，这在"无政府主义"知识论中体现得非常明显。但无政府主义并非没有"深刻信念"，而是坚信"无政府主义"能够促进进步和实现人本主义，尽管对于"进步"的意义，无政府主义同样采取了多样性的标准。

"多元主义"不仅是方法论的基本准则，也应是人本主义观点的组成部分。每一个人应成为独立的个体，而不是其他人的复制品，个性才能成就真正的人本主义。"进步"虽然可以有不同的理解，但进步只有在包容性的个性基础上才能得到有效保证。由此，"无政府主义"知识论坚信"多元主义"对于方法论与人本主义的重要意义。

当我们试图用普适法则指引科学发展时，我们可以为科学赋予更多的稳定性基础，普适法则使科学所可能具备的"客观"价值为自身获得了基础。但科学的"客观"价值始终建立在与其他认识方法的比较与联系之中，它并不能将自身确立为唯一的方法论合理基础。方法是多元的，人性是复杂的。如果我们为了满足科学对于普适方法的理想追求而忽略人性，这恰恰是背离了科学自身的宗旨与目标。科学应是完善人性的途径，而不应成为扭曲人性和仅仅获得理智安全感的工具。

如果我们摆脱了科学具有的唯一权威性，我们将会发现并不具有区别科学与非科学的必然要求。科学与非科学的划分是在科学确立自身合法性过程中、人为确定的标准。科学与非科学的划分标准并不会推动知识的进步，也不利于人类对自然的理解和人类对自然环境的主宰。科学并不享有对于知识的独占权，任何试图以科学为借口、排除其他获取知识方式可能性的努力都是幼稚的表现。

3.5.2　福柯与费耶阿本德：科学隐喻的比较

福柯与费耶阿本德对于科学的考察，具有相同性，但也体现出明显差异。从考察的重点看，福柯主要从人文科学入手考察科学的认识论形态，费耶阿本德则注重从自然科学入手探讨科学的方法论特征。基于考察重点的差异，福柯知识考古学的研究更凸显不同历史阶段的认识型形态，费耶阿本德无政府主义知识论则指向不同历史阶段的方法论多元化特征。福柯与费耶阿本德都否定在不同历史阶段知识形态具有统一性，这是两者相互一致之处。但不同点在于福柯的知识考古学倾向于构建不同历史时期知识的认识论基础，而费耶阿本德的无政府主义知识论则更多指向知识的方法论构建。

从基本观点而言，福柯与费耶阿本德也存在着明显差异。福柯承认知识的认识形式具有间断性特征，在不同的历史阶段，知识的可能性奠基于不同的认识型基础之上。费耶阿本德则更倾向于认可科学的普遍法则是科学发展的障碍，任何普遍原则都是有待克服的神话，科学应在多元方法中开辟知识进步的道路。对于费耶阿本德而言，方法论的多元化能够促进知识进步，这构成了多元方法论的合理性基础。对于福柯而言，知识在历史中具有认识论的间断性特征，知识在不同的历史阶段并不存在进步的趋势，知识只是在不同历史阶段由于认识论上的间断性而呈现差异化。

从对历史的理解而言，福柯与费耶阿本德具有相似性的特点，福柯与费耶阿本德都不会承认脱离人的认识的"客观"历史。历史总是处于历史叙事之中。在不同的历史叙事中，历史事件的建构与意义明显不同。福柯与费耶阿本德对于知识的历史考察共同向我们揭示，试图在历史中寻求知识的绝对形式或知识获取的绝对方法，将是徒劳无功的。知识在不同的认识论心态中为自身描绘历史演变的非连续轨迹，在多元方法论中为自身展现不同方法的有限界限并借此形成通向新的方法的道路。对于福柯与费耶阿本德而言，历史考察并不仅仅满足历史兴趣；而是我们理解现实的必备环节。福柯与费耶阿本德共同从对历史的回眸中达到对现实的理解，这是两者在历史理解方面的相似之处。

福柯与费耶阿本德对不同历史阶段的知识形态与方法论特征的理解具有明显分歧。对于福柯而言，在"知识考古学"中所揭示的知识具有断裂性与差异性特征，不同历史阶段的知识对象与认识方法以不同的认识型为基础；对于费耶阿本德而言，在"无政府主义知识论"

中所揭示的知识具有对象一致性与方法差异性的特征，不同的方法在不同程度上共同揭示同一对象的不同特征。福柯不倾向于认可知识在其历史发展中具有进步性特征，费耶阿本德则倾向于认为多元化方法论相对于一元化的方法论而言，更有利于促进知识的进步。

福柯与费耶阿本德对于理性的理解也不相同，虽然两者基于不同的理论视域都对理性持批判态度。福柯从理性与非理性的相互联系中质疑理性自身的根据及其在科学中的地位。他倾向于将非理性视为理性得以建构自身的基础，并借以确认理性在科学认识中的从属地位。费耶阿本德则将理性视为科学方法中的排他性原则基础，将基于理性原则而建构的科学视为新的神话与蒙昧的根源。福柯在不同认识型中确定理性可能存在的形式及其界限，费耶阿本德在多元化方法论中批判理性的排他性及其有限性。

概括而言，福柯与费耶阿本德在不同的隐喻话语中展开各自对于科学与知识的考察。福柯将科学与知识置于认识论的背景中加以考察，在不同"认识型"所确定的隐喻话语中，知识对象与科学方法得以使自身成为可能；费耶阿本德将科学与知识置于方法论的背景中加以考察，在多元化方法所确定的话语体系中实现对科学与知识的考察。我们不必在福柯与费耶阿本德之间做出非此即彼的选择；我们需要在历史视域中彰显科学与知识的多重形象。

3.6　科学视域中的人、真理与自由：通过隐喻而可能的自由

福柯对于人文科学的探讨，向我们揭示出我们需要从"在世界中

存在"所指向的人的存在意义上来理解人文科学。当我们对世界有不同理解时，人文科学的基本形态也会发生转变。科学并不是对世界的独立描述，其具体形态之所以可能，恰恰是以对世界的特定理解为前提。从科学与世界的内在关系而言，对世界的理解先于科学理论的构建。从人的存在与人文科学的关系而言，人的存在意义是我们理解人文科学的先决条件。

福柯在对人文科学的探讨，使我们明确以科学的形式所形成的对世界的理解依赖于我们理解世界时对人类自身存在状况的反思。人的存在并不是独立存在，人在世界中存在。当人对自身的存在状况获得理解时，人同时也获得了对于世界的理解。世界并不能脱离开人的存在状况而获得理解，世界恰恰在人理解自身存在状况时才能获得自身得以被理解的历史形态。科学并不指引我们去获取关于世界的真理。恰恰相反，人自身的存在状况使人获得对于世界的整体理解，只有在对世界获得整体理解的基础上，人文科学（甚至于一般意义上的科学）才能获得具体的历史形态。

福柯所指出的不同历史阶段知识所具备的"认识型"形态恰恰奠基于人对自身存在状况的理解，具体而言，就是人对"在世界中存在"的一般理解。知识所具备的"间断性"特征，根本原因在于人对自身存在状况的理解发生转变。在人文科学的发展历史中，这体现为人对自身生存于其中的世界的理解发生转变。人"在世界中存在"并不仅仅是简单地与其他存在者聚集在世界中，人对世界有所领悟地"存在于世界"中。"世界"离开人的理解而无法展现其形象，人作为此在无法离开世界而单独存在。世界因人的领悟发展改变而展现不同的形象，科学与知识因世界形象的不同而具有不同的特征。

　　与人类对于自身"在世界中存在"的理解相联系,"真理"的意义也相应具有不同的指向。当人从"在世界中存在"的维度理解自身存在状况时,真理以"非合成"的意义指向呈现自身。"真理"在人所理解的世界形象中都具有"非合成"的特点和"纯粹性"的特征。在不同的世界理解中,"真理"之所以具有意义和价值均只是由于自身的原因而成其所是。在不同的世界理解中,人类都在寻求真理。但在不同的世界理解中,"真理"的历史形象却呈现出明显的差异。"真理"的不同历史形象并不代表"真理"具有"进步性"特征,换句话说,人类在历史进程中并不是逐步向掌握"绝对真理"而前进。"真理"在不同的世界理解之所以都具有"真理"的意义,其意义指向恰恰在于"真理"并不与其他目的相混合而成就自身之所是,"真理"由于自身的纯粹和"非合成"特征而成就自身之所是。

　　在人类从"在世界中存在"理解自身存在状况和从"非合成"的特征理解真理时,"自由"何以可能?"自由"在隐喻话语中使人对于自身存在状况的理解和对"真理"的把握得以可能。人文科学以知识的形态将人"在世界中存在"的存在状况得以显现,人文科学使人对于世界的理解以知识的形态得到表达。在人文科学中,人与世界的相互联系得到显现。"自由"作为"让存在者存在"在人与世界的相互联系中得以可能。人文科学赋予世界以不同的秩序形态,"自由"在世界的不同秩序形态中使存在者存在。人文科学在不同的隐喻话语中获得自身的可能性,"自由"通过隐喻话语在人文科学中实现自身的可能性。同时,"自由"作为真理之本质,在人文科学的发展进程中彰显"真理"所具有的"非合成"和"纯粹性"特征。"真理"并不因为具有不同的历史形象而落入历史相对主义之中,"真理"是其所是。福柯借助于对人文科学所做的考古学研究,向我们表明"自由"通过隐喻和人文学科的知识形态使自身成为可能，"自由"通过隐喻所具有的可能性要在"在世界中存在"的生存状况和"真理"所具有的"非合成"意义指向中才能全面理解。

第4章 权力关系的象征意义
——权力、象征与自由

历史，就是权力的话语，义务的话语，通过它，权力使人服从；它还是光辉的话语，通过它，权力蛊惑人，使人恐惧和固化。简言之，通过束缚和固化，权力成为秩序的奠基者和担保人；而历史正是这样一种话语，通过它，保证秩序的两种功能会得到巩固并变得更有效率。

——福柯：《必须保卫社会》

4.1 "存在的政治"：政治与真理的批判性解读

"权力"概念在政治伦理思想中曾经占有非常重要的位置，但现在有逐渐被"权利"概念所取代的趋势。"权力"一般被认为应服从于保障"权利"的需要，正是因为有助于实现"权利"，"权力"才能获得自身存在的根据。福柯对于"权力"的分析，颠覆了对于"权力"的一般理解。"权力"不是"权利"保障的工具，而是"权利"

之所以可能的前提。在福柯政治伦理思想中，"权力"体现为"权力关系"而成为个体生存的外部环境，人的生存无法脱离"权力关系"而实现。"权力关系"的普遍性源于个人与他者之间的关系，"人的存在"具有"为他存在"的生存维度，这一生存维度使个体与他者处于相互关系之中，"权力关系"就伴生于这种相互关系之中。

福柯对于"权力关系"的分析集中体现在《规训与惩罚》之中，这部著作是福柯思想第三阶段的代表性著作。福柯在这一思想阶段，以"人的存在"所具有的"为他存在"维度为思想背景，具体分析了围绕着不同权力象征所展现的权力—技术游戏。在对权力关系的分析中，福柯将科学主线与权力主线相协调，构建了权力—知识分析框架，为我们理解权力关系提供了有益的理论参照。如果我们试图理解福柯权力分析所具有的思想内涵，我们需要首先理解人与他人的关系维度在政治过程中的体现形态。海德格尔政治思想为我们理解政治与"人的存在"之间的内在联系提供了思想线索。

政治与艺术之间具有内在联系，虽然两者一般被认为属于不同的领域。"作品"（the work）概念在政治思想占有重要地位，"正是这个'作品'概念为存在者与存在、有限之物与真理之间极重要的照面，提供了促成澄明的场所"①。借助于对"作品"、政治与艺术相互联系起来，共同将真理纳入自身。"作品"可以具体划分为三类："艺术作品"、"思想作品"和"国家作品"②。"国家作品"之所以尤其重要，因

---

① 沃林，存在的政治——海德格尔政治思想研究（M），周宪、王志宏译．1版．北京：商务印书馆，2000，128页。

② 沃林，存在的政治——海德格尔政治思想研究（M），周宪、王志宏译．1版．北京：商务印书馆，2000，128页。

为"国家作品"是理解政治与艺术之间内在联系的关键所在。

当我们从"国家作品"的视域理解政治思想时，我们应当明确的是"一切作品都有其内在的政治功能。"①。与其他"作品"形态不同，"国家作品"是建立在确定民族历史天命的基础之上。当一个民族还对自身的天命没有觉察之时、还没有通过自身的作品而领会自身的历史性时，"国家作品"的目标就远未实现。"国家作品"使对历史天命的领会与对作品的理解与把握相互联系起来，而国家则成为"为其他作品而存在的作品"②。

对"国家作品"的理解植根于对艺术作品本源的诠释，但国家与艺术作品毕竟不同。如果我们能够接受艺术作品以把真理置于自身为其本源形态，但我们在国家与真理之间的内在关联方面仍是不得要领。对于国家与真理关系的理解，要参照古希腊哲学，尤其是亚里士多德的政治学学说，才能使政治理论中的"国家作品"的内涵得以呈现。

"国家作品"的解读要以古希腊意义上的城邦国家为其范型，并因此而获得自身根据。在亚里士多德的政治理论中，城邦是体现最高"善"社会团体。以城邦国家为参照，我们才能理解"国家作品"的内涵。国家为其他作品确立了敞开的澄明领域，使存在者得以显现。而其他艺术作品则将作为澄明与遮蔽的"原始争执"的真理纳入作品之中，艺术自身也作为真理的生成和发生也因此而得以可能③。

---

① 沃林，存在的政治——海德格尔政治思想研究（M），周宪、王志宏译 . 1版 . 北京：商务印书馆，2000，130 页。

② 沃林，存在的政治——海德格尔政治思想研究（M），周宪、王志宏译 . 1版 . 北京：商务印书馆，2000，142 页。

③ 相关论述，参见：海德格尔，"艺术作品的本源"。

对于海德格尔政治思想中所体现的"国家作品",沃林进行了深入研究,具有重要参照价值,一方面沃林对于海德格尔政治思想具有比较全面的理解,这在英美学者中并不是很常见的。另一方面,沃林对海德格尔政治思想的批评具有比较强的代表性,其从学术视角对海德格尔政治思想进行审视与批判,而不是纯粹从海德格尔自身的政治实践而引申出对其政治思想的否定。我们可以通过与沃林的理论对话而获得对海德格尔政治思想更加全面的理解。

从对海德格尔政治思想的理解而言,沃林的论述是非常有说服力的。毫无疑问,海德格尔思想中存在着明确的政治维度,海德格尔思想与其政治实践也存在着某种意义的关联,在此我们不能做出详细的讨论。我们可以基本确定的是,海德格尔的政治思想是以存在问题为追问的线索而导向政治视域的,这在沃林著作的书名"存在的政治"(The Politics Of Being)中得到了很好的体现。海德格尔对存在问题的探讨,与其对艺术问题的探讨是密切相关的,尤其是在其晚期思想之中,对此沃林进行了很好地阐释。海德格尔对政治问题的讨论,与古希腊思想,尤其是亚里士多德的政治思想也存在着密切联系,这在沃林的论述中也得到了很好地体现。但沃林对海德格尔政治思想的批评却值得商榷,因为沃林似乎没有意识到在政治实践过程中"政治形而上学"[①]存在的可能性及其意义。

在海德格尔的政治思想中,政治首先是从存在领域加以追问的,政治与人的"共在"生存特征相联系。在海德格尔所强调的"在世界之中存在"的论断里,"'在之中'就是与他人共同存在。他人在世界

---

① "政治形而上学"是我对海德格尔政治思想的理解与概括,并不是直接源于海德格尔著作。

之内的自在存在就是共同此在。"①在海德格尔的政治思想中，当我们讨论政治问题时，政治问题关涉的是人作为此在的生存特征，即"共在"。政治体现的是对"共在"的生存论筹划。正是在这一意义上，我们可以理解在海德格尔政治思想中政治缘何与真理相互联系。脱离开作为此在生存论特征的"共在"，政治自身将失去生存论意义，而陷入"常人"世界的"沉沦"状态。海德格尔通过将政治与人的生存境遇相联系，使政治自身具有形而上学意义，这也是本文将海德格尔的政治思想理解为"政治形而上学"的基本原因所在。

其次，海德格尔政治思想中的"政治形而上学"意义为日常意义上的政治活动奠定了根据。沃林所谈到的"政治活动"，如选举、演讲、民众集会和公共论争等，的确在日常生活中发挥着重要作用，但日常生活自身的存在依据何在呢？政治活动作为日常活动的体现形态，其自身合理性的依据又何在呢？政治活动在日常活动的范围内无法为自身提供合理性的依据，而只有在"政治形而上学"的框架内才能为自身提供合理性的基础。正是以"建立国家的活动"为代表的政治活动为真理的现身开辟的道路，也为自身奠定了形而上学根基，日常政治活动只有在这一根基之上才是可理解的和具有意义的。"政治形而上学"并不需要参照日常政治活动而呈现自身的意义，正如存在并不需要参照存在者而获得意义。

最后，海德格尔政治思想也远远不是一种"隐蔽的极权主义理论"。无论我们从何种意义理解根据，根据都是与依据根据而建基者相区别的。"政治形而上学"为其他日常生活领域建基，绝不意味着

① 海德格尔，存在与时间（M），陈嘉映、王庆节合译，3 版 . 北京：三联书店，2006，138 页。

对其他生活领域的替代或统摄，而只是意味着使其他生活领域获得合理性的基础。把海德格尔的政治思想视为"极权主义理论"，即使是视为隐蔽形态的，也是缺乏足够依据的。

在海德格尔的政治思想（"政治形而上学"）中，艺术扮演着关键角色，艺术构成了通向海德格尔政治思想的理解道路。与艺术作品"建立世界"和"制造大地"使真理的发生得以可能相类似，以"建立国家"为典范的政治活动使"政治"在与真理的联系中获得了形而上学依据。正是海德格尔的政治思想建立了艺术与政治之间并存于真理发生之中的联系桥梁，使"政治形而上学"在"艺术作品的本源"中获得理解。我们并不能期望从海德格尔的政治理论中获得现实政治问题的直接答案，但这并不等于海德格尔政治思想缺乏价值。恰恰相反，海德格尔的"政治形而上学"以与日常政治活动的差异为基础，实现为日常政治活动的奠基。

4.2 "恶的象征"：象征符号的解释学与哲学反思

海德格尔的政治思想为我们指明了政治与艺术的形而上学关联，利科的象征理论则为我们理解政治提供了方法论指引和本体论依据。利科的象征思想试图以"恶"的象征，"去勾勒出一种普遍的象征符号理论"①。

"象征"的意图在于将"哲学反思"与"象征符号的解释学"相互连接，将象征的"启示性思想"与哲学的"合理性与严密性"相互

---

① 利科.解释的冲突（M）.莫伟民.译.1版.北京：商务印书馆，2008，355 页。

结合，以实现对存在的反思。象征理论可以克服"起点哲学"所希望追求的"无前提性"目标。象征理论将其自身建立在其前提性之中，并凭借其前提性成就自身。象征理论的价值不是去构建无前提的哲学思想，而是由具体的言语环境出发、针对已经存在的意义符号进行解读，进而实现哲学自身的可能性。

象征与意义存在着密切联系。意义不是人的主观设定，象征给予意义。但意义并不直接显现自身，而要在人的思想中、借助于人的思考、在人对象征的理解与解释中，意义才能以间接的方式而显现。象征符号与其他符号相比具有不同的特征。象征符号具有双重的"意向性"。一方面，象征符号具有原初的或字面的"意向性"，这是象征符号和其他符号共有的特征，使象征符号体现出符号的约定性特征。另一方面，象征符号具有第二种"意向性"，这种意向性是在第一种"意象性"的基础上产生的，但却指向不同于字面意义的其他意义，这是象征符号区别于其他符号的重要特点，也正由于这一特点使象征符号具有无穷无尽的意义生产能力。

"象征"赋予哲学以源于自身的可能性，"哲学是从自身开始的，哲学就是起始"①。哲学不需要在自身之外寻找起点，哲学可以在自身之内开启思想的运动。当哲学经历从"象征"到"思想"的内在运动时，"理解"成为连接"象征"与"思想"的中间环节。只有经过"理解"，"象征"才能激发哲学源于自身的思想运动。从"象征"到"理解"，一般可以划分为三个阶段②。

从"象征"到"理解"的第一阶段中，理解所采用的形式是由象

---

① 利科.解释的冲突（M）.莫伟民.译.1 版.北京：商务印书馆，2008，367 页。

② 利科.解释的冲突（M）.莫伟民.译.1 版.北京：商务印书馆，2008，367 页。

征全体来理解个别象征的意义。通过把个别象征置于象征全体形成的"象征帝国",理解把个别象征的意义凸显出来。个别象征借助于象征全体以呈现意义,象征全体整合个别象征以达到一致性。在部分与整体所形成的"诠释学循环"中,"象征帝国"的整体意义在理解中得到表达。

从"象征"到"理解"的第二阶段中,"象征"以"解释学循环"的形态发挥作用,"为相信,就必须去理解,而为理解,也必须去相信"①。在这一阶段,理解过程通过将象征运用于特殊文本而使对文本的理解成为可能。与此同时,特殊文本也作用于象征形式,使象征形式在文本理解中展现自身的意义指向。象征意义与文本理解之间并不是单向的决定与被决定关系,而是在"解释学循环"中相互奠定可能性。

从"象征"到"理解"第三阶段是由"象征"最终产生"思想"的阶段。在这一阶段中,"象征"引发了"创造性解释"方法。思想摆脱了单纯对于"象征"的依赖,而是以"象征"为指引,实现意义的形成与提升。思想的自主性在这一阶段得以形成,哲学在思想的自主性中成为可能。

从象征出发,哲学思想能够为我们更好理解"人的存在"以及"一切存在物的存在"提供更好的认识。在象征基础上,哲学所蕴含的反思能力也将得到提升。哲学所能提供的将不只是对象征意义的片面解读,而是展现出自身对秩序的系统追求。象征与反思的"诠释学循环"一方面为哲学奠定了意义基础,另一方面又为哲学指明了方向。哲学在象征中反思,在反思中理解。哲学从其自身而言,不是无

---

① 利科.解释的冲突(M).莫伟民.译.1版.北京:商务印书馆,2008,369页。

条件的，而总是将条件纳入自身之中。哲学从其特性而言，不是无信念的，而总是将信念作为建构意义的前提。象征将前提条件与信念结构置于哲学思想的内部，从这一意义而言，我们或许才能真正理解象征与思想的内在关联。

4.3　权力关系与政治主体：权力的象征意蕴分析

4.3.1　理解权力——战争的象征

"象征"为我们理解福柯对于权力的分析提供了有效指引，福柯将对权力的分析建立在战争象征的基础之上。"权力就是战争"[①]。将权力关系理解为战争，以战争的象征意义理解权力关系的本质特征，主要强调三方面内容：第一，权力关系在历史上的构建依靠力量关系而得以可能，力量关系在战争中得以建构；第二，所谓"国内和平"的政治关系其实也仍然是在力量关系的框架内得以运行，国内政治应被理解为以其他方式继续进行的战争；第三，战争作为力量关系的体现，为政治做出最后的决定[②]。权力关系作为政治的集中体现，可以在战争的象征中获得充分的理解。

我们可以从两种不同的模式理解"权力"：契约—压迫模式与战争—镇压模式。这两种模式的区别在于：前者强调权力来源的契约性

① 福柯.必须保卫社会（法兰西学院演讲系列，1976）（M），钱翰译.2 版.上海：上海人民出版社，2010，12 页。

② 福柯.必须保卫社会（法兰西学院演讲系列，1976）（M），钱翰译.2 版.上海：上海人民出版社，2010，12 页。

质，而后者则强调权力来源于强制与压迫。"战争象征"帮助我们将战争建构为理解社会内部权力运行的象征标志，并以战争图示为基础确定权力运行的原则与动力。战争象征是我们理解权力关系的关键线索。

"战争象征"将真理与权力关系联系起来。权力与真理的内在联系是一切社会中权力运行的基本准则。社会发展所表现的权力关系，体现了社会中权力、真理与法律之间的特殊组织方式。权力关系分析一方面为我们理解权力关系，尤其是在权力—真理的相互关系中理解权力关系，提供了理论指引。另一方面，权力分析也使我们在社会历史背景中理解权力关系运行的特定方式及其结果，这使我们在社会背景中理解权力关系运行成为可能。

"战争象征"为我们分析权力关系提供了具体的方法论指引，我们不需要在权力关系的中心处去分析权力关系，而要在权力关系的边缘处、权力关系的细微处去权力关系做出分析。"战争象征"所指引的权力关系模式指向了权力关系的普遍性，这种普遍性使权力关系的特征不能仅仅从其中心处得到显现，而要从其边缘状态揭示其所具有的特性。

权力关系分析的重点在于权力关系的末端，在微观层面对具体体现权力关系的权力技术形式进行分析。权力关系分析并不试图描绘权力关系的总体图景，而是展现权力技术的具体形式。它并不试图建构关于权力关系的整体理论，而是试图在权力关系的不同具体实现途径中把握权力关系的组织特征。权力技术形式是我们理解权力关系分析的关键所在，地区性与局部性是"战争象征"所指引的权力分析区别于其他权力理论的重要特性。

权力关系分析不应试图把权力运行与权力主体的欲求目标相联

系，因为我们无法准确获得权力主体的真正目标。当我们试图分析权力关系时，我们应在权力关系的实际运行中发现权力关系可能具有的运行目标。权力关系总是与其客体以及运行环境相伴生，权力关系的意图也应在权力客体及权力运行环境中得以确定。权力关系与其客体所具有的"意向性"特征使权力关系在外部获得研究得以可能。权力关系的意图应探索权力关系实际效果的外部显现，而不应指向权力关系的主体心理基础。

权力关系分析应突出权力关系的非个人特征以及网络化运作形式。在权力关系分析中，个人总是同时处于权力关系主体和客体的双重位置，个人在运用权力的同时也受到权力关系的制约与限制。权力关系的网络并不把社会区分为固定的统治阶级与被统治阶级，而是形成复杂的权力关系网络。在权力关系网络中，不同权力关系相互交织，共同作用，使权力关系在流动中显现其作用形式。权力关系构成了所有个人生存的外部环境，个人在权力关系的网络中融入社会而成其自身。

权力关系分析坚持自下而上的分析方式，在这种分析方式，权力关系体现为最底层的"权力技术游戏"。不同的"权力技术游戏"是相对自治的，同时不同的"权力技术游戏"又相互变换，使更普遍的权力结构成为可能。权力分析不是由单一到众多的普遍叙事，而是由差异到众多的分散格局形成分析。权力分析并不试图形成总体话语，而是试图在演变的过程中描绘权力关系的轨迹，为我们从最底层理解权力关系指明了路径。

权力关系分析与意识形态的生产相联系，进而与知识的形成相联系。权力运转与知识形成是相互伴随的，知识—权力关系构成了权力分析的重要框架。知识并不是单纯的认识过程，而是与意识形态的生产相联系。权力关系的运用则伴随着意识形态的生产，没有无意识形态的权力关系，也没有脱离权力关系而存在的纯粹意识形态。

"战争象征"所指引的权力关系分析综合体现了边缘性、实效性、流动性、技术性以及意识形态性的特征，以战争象征为总体分析图示，展现不同权力技术游戏的融合与互动。当我们试图去理解福柯在其他著作中、在具体的历史背景中展现的权力关系分析时，战争象征与权力分析规则将成为有效的指引线索。

4.3.2 权力与象征——犯人的肉体与断头台的场面

"犯人的肉体"和"断头台的场面"为我们具体呈现了战争象征下的权力关系形式。公开处决方式与作息时间表体现了以犯人肉体为媒介的不同权力技术形式，一种权力技术形式逐步取代另一种权力技术形式，具体体现了战争象征所代表的政治关系形式的转变。"犯人的肉体"成为体现权力技术方式的载体，借助于"犯人的肉体"，不同的权力技术方式得以展现。

"公开处决方式"具有表演的性质，在这种权力技术方式中，"犯人的肉体"成为直接镇压的对象。"公开处决方式"作为结束罪恶的方式，曾经是被人们所认可的技术形式。在这一形式中，权力技术形式与特定的知识生产形式相结合，惩罚形式发挥着彰显罪恶、驯化公众的政治实效。当人们对于"公开处决"的知识形态发生改变，当社会意识形态将"公开处决"自身视为罪恶的形态时，这种权力技术形式就丧失了自身的合法性基础，而成为野蛮与残忍的象征。犯人作为被权力技术所镇压的对象，不再发挥驯化的政治实效，而成为社会意识形态中受到"怜悯或赞颂的对象"。意识形态的转变以及与之伴随的知识话语的新形式的出现，使新的权力技术形式的出现成为可能。

惩罚方式的转变具体体现为，"惩罚将愈成为形式程序中最隐蔽的部分。"①。惩罚作为权力技术的实现方式，在意识形态的转变过程中，自身也发生了相应的改变，同时也在生产意识形态的过程中得以实施。"肉体控制"的不同方式在不同的惩罚方式中体现，并具有与不同权力技术形式相伴随的意识形态要求。当"公开处决"所要求的知识话语出现转变时，权力技术方式也相应出现了改变。

权力实践与知识话语的相互纠缠在惩罚机制的转变中体现得非常明显，真理与权力的互动在政治技术中得以实现。知识话语与真理为权力实践提供合理性基础及自身存在的依据，权力实践则在知识话语与真理的生产活动中为自身开辟道路。权力关系分析应以谱系学为方法，探讨科学—法律综合体的发展轨迹。科学话语指向知识以及由知识所决定的真理形态，法律则指向权力关系系统。以知识—权力关系为基础的现行科学—法律综合体为自身建构了基础、证明了自身存在的合理性并确定自身运行的规则。对于权力关系的理解，应消解知识—权力系统的普遍性表象，揭示其超常的独特性，在谱系分析中直面权力关系本身，在知识话语中展现权力运行所创造的真理。

权力关系的本质在惩罚机制中能够得到有效体现，惩罚机制可以视为一种复杂的社会功能，这种社会功能体现了权力关系网络化运行的基本特征。惩罚机制也可以视为"政治策略"，这体现了权力关系

---

① 福柯.规训与惩罚——监狱的诞生（M），刘北成、杨远婴译.3 版.上海：三联书店，2007，9 页。

分析的战争象征。权力关系在自己的运行过程中创造出自身的对象，权力技术形式演变的历史同时也就是权力对象得以被建构的历史。

权力不是从属于特定主体的所有权形式，而是作用于肉体的战略形式，权力是战争象征下权力技术的具体显现形态。微观权力作用于社会的广泛领域，以差异性的形式体现特殊性，微观权力关系在机制和模态方面存在着不同的特征。微观权力并不具有稳定的结构和固定的中心，而是指向不同社会领域的相互冲突。不同的社会领域在权力关系的冲突中相互联系，并可能导致权力关系的不同形态，权力关系也在冲突中具有被颠覆的可能。

"断头台"构成了惩罚机制得以实现的象征空间，酷刑成为权力技术操纵犯人肉体的具体技术形式。当酷刑成为惩罚机制的技术形式时，酷刑应满足基本条件。酷刑是制造痛苦的技术，但还不止于此，酷刑所制造的痛苦应能被度量，这进一步体现了酷刑的技术特征与知识指向。酷刑具体体现了权力—知识关系的综合统一体，犯人肉体在权力关系中成为统治对象，在知识领域中成为度量对象，权力—知识关系共同支撑起作为权力技术形式而发挥作用的酷刑，为酷刑自身确定根据。

酷刑本身作为惩罚机制的技术形式，同时也是权力技术形式的传播方式。酷刑在成为仪式的过程中使权力技术方式得以在社会领域被传播。酷刑在运行过程中创造着自己的对象，在给受刑者打上耻辱烙印的过程中使犯人的身体成为受统治的对象，凸显了战争象征下权力关系的镇压效果。酷刑在权力运行过程中为自己创造根据和确定规则。它在被所有视为"凯旋仪式"的过程中彰显自身的合理性根据，在使用暴力的过程中为自身确定运行的规则。在酷刑中，我们看到了权力技术作为权力—知识的复合体而发挥功能，权力与知识在相互促进中为彼此的运作开辟道路。在酷刑暴力的外在形式下，酷刑并不单纯是暴力的运用。酷刑作为社会仪式的组成部分，是与其他社会关系领域相互联系的，并在其运用过程中以效果形式体现权力技术的欲求目标。酷刑作为权力技术并不是权力主体个别意志的体现，而是有组织的社会仪式有意识的象征呈现。

肉体在酷刑中从属于作为权力技术形式的"法律仪式"，"法律仪式"与生产真理的机制相伴随，并在真理的生产过程中确证自身。权力—知识体系与政治—真理系统通过犯人的肉体而相互联系，犯人的肉体被权力技术塑造为自身的对象，犯人的肉体呈现权力技术的具体形式，两者共同构成了统一的历史过程。

在权力—知识关系中，知识本身并不是单纯权力关系的体现，知识创造本身要遵循某些准则。知识建构所指涉的"事实"，并不是孤立的等待发现的"自然事实"，而是与权力关系相伴生的"事实"。知识在与权力关系的相互联系中建构事实，并使自身成为真理的生产方式。权力关系则在真理的生产过程中实现向社会各领域的渗透，并为自身确立基础和规定准则。

"拷问"作为惩罚机制的形式之一，其运行过程也与事实的确立和真理的生产密切相关。"拷问"作为酷刑同时具有调查的性质与决斗的性质。调查指向真理的生产过程，决斗指向权力的镇压过程，真理的生产与权力的实践在酷刑中结合在一起。权力分析的战争图示向我们展现了酷刑中的战斗过程，权力技术在一方对另一方的胜利中展现真理的生产过程，权力关系只有从战争图示来理解才能呈现权力关系自身所具有的内在特征。

酷刑以及刑罚机制，并不是单纯具有历史意义，而是与现行权力技术形式有所关联。一切刑罚机制，从古典时期直到现在，都具有同样的核心机制。这种核心机制就是"真理—权力关系",不同的惩罚机制实践不过是"真理—权力关系"的不同形式和不同效果的组合而已。酷刑作为惩罚方式之所以会被更人道的方式取代,并不能归因于刑罚体制自身向更文明的方向发展所导致的结果,而是体现为由民众角色在权力技术中的分化所导致的权力—真理体制发生变迁的结果。

酷刑作为权力技术形式,其运行实效在于体现君主权力的神圣以及展现君主权力战胜犯罪行为的凯旋仪式。当酷刑的实践过程无法有效为君主权力确定适宜的运行原则并产生真理时,酷刑作为权力技术形式也会在权力关系的演变过程中转变自身的形态。公众参与一方面是酷刑作为仪式不可或缺的环节,另一方面公众参与则使酷刑所代表的权力技术形式在其实效方面发生了逆转。酷刑不再是君权的权威代表与胜利的凯旋象征,而是为民众团结一致反抗君权提供了场景与机制。当一种权力机制与其在实施过程中所期许的实效相背离时,这种权力技术形式的转变就成为可以预期的结果了。

犯人的肉体体现了权力技术与知识生产相结合以形成权力—知识关系典型形态,断头台的场面例证了酷刑在君主权力实践过程的象征意义与演变过程。通过对惩罚制度的历史考察,我们可以确立分析权力的微观物理学。当我们不再使自己沉浸在对于权力进行整体考察的理论追逐时,权力—知识统一体为我们理解权力提供了新的理论视域。

4.3.3 权力与象征——制度、犯罪与监狱

制度形态是权力象征的社会显现,机构形式则是制度形态的有形

载体。监狱作为权力象征的制度形式，其产生并不以法典及其授权为条件，而是以机构的权力技术形态为自身确定基础。监狱与断头台构成了不同的权力象征，尽管两者都通过对犯人肉体的作用而使自身成为可能。由断头台向监狱的历史过渡，体现了权力技术形式围绕肉体而发生的历史形态转变。在这一过程中，权力的战争象征仍旧赋予权力形式的演变以可理解性，断头台向监狱的演变也同时意味着惩罚作为战争—控制形式向规训作为战争－控制形式的演变。

监狱作为一种制度形态，需要证明自身的合理性。监狱的自我证明与监狱所承担的角色密切相关。监狱作为制度形态，自其诞生之初就具有两种功能：剥夺自由与对人的改造。无论是剥夺自由，还是对人的改造，都是通过施加于肉体的影响而得以实现的。在监狱作为制度形态发挥其功能时，权力技术在战争象征下呈现为不同的实现形态：剥夺自由取代了剥夺生命，对人的改造取代了对人的毁灭。如果仅仅把监狱取代断头台视为人道主义的某种胜利形式，那是很肤浅的。监狱取代断头台是权力技术形式历史间断性的体现，在这一过程中，权力关系作为个体相互控制与影响的机制关系，其内涵并未改变。

监狱作为完全的和严格的制度，具有不同于以往惩罚机构的主要特征。监狱将战争象征拓展到对个人所有方面的规训，在剥夺人的自由基础上实现对人的全面改造。在监狱剥夺自由与改造人的过程中，个人被塑造为专门的个体，人与人之间的关系被人与制度的关系所替代，人与人之间的差异性在改造人的过程中被消除。

监狱不同于其他制度形式，它把个人置于与社会环境相分离的独立情景，并在此情景中实现对人的改造。它作为权力技术形式，其战争象征意义尤其明显，在此制度形态下个人没有其他的选择，只能接受不停顿的纪律改造。监狱以绝对权力形式最形象地展现了权力的战争形态，作为制度形式代表着对人的绝对统治，在此过程中权力关系对人的统治关系达到顶点。

监狱作为制度形态，在知识话语中建构自身。监狱以制度形态的方式构建自身的客体领域，形成自身的知识话语，在权力—知识关系中建构自身的合法性。以监狱为象征的权力技术关系不能脱离知识而获得自身的存在基础，但这并不等于说，我们可以把一切知识形态还原为各种权力关系。权力关系并不等同于知识关系，也不是知识产生的限制性因素。任何权力关系都是与知识话语相互伴生的，权力关系为知识话语提供现实基础，知识话语为权力关系论证存在的意义。权力关系与知识话语构成了意义的循环，权力—知识关系也就此成为制度形态的核心要素。

在惩罚艺术形式的转变过程中，新的权力技术形态的象征形式得以产生。监狱取代断头台成为新的惩罚艺术的象征形式。但这种权力技术形式的转变并不意味着战争作为理解权力关系的象征形式失去了作用。监狱对于断头台的取代标志着一种战争象征形式取代了另一种战争象征形式，权力关系由公开的象征形式向隐藏自身的实现形式发生了明显的过渡。

监狱体制是多种因素的复合组织，其中权力—知识关系发挥着核心的协调功能。在权力—知识关系的协调下，"至上权力"因素与"理性原则"相互结合，对犯罪倾向的诱发与对"理想主义"的追求并行不悖。监狱体制在权力—知识关系中形成自身的独特发展轨迹，权力—知识关系使监狱体制实现了自我维持与自我复制。

监狱体制在自我复制的同时，也将自身的影响扩散到全社会。借助于与监狱体制相协调的不同社会规训机制，监狱体制将自身影响扩展到全社会，并借此而形成"监狱群岛"。"监狱群岛"使全部社会群体都被涵盖于监狱体制的影响之内，这对全社会而言带来了重要影响，同时也产生了重要的后果。

"监狱群岛"为自身的惩罚策略建立存在的根据，这是通过将惩罚与不正常两个序列相互联接而得以实现的。在监狱体制扩散自身影响的过程中，不正常者成为"社会的敌人"，"监狱群岛"则在社会利益的名义上建构自身的存在基础。监狱体制最终以规范权力的形态将每个人纳入权力范围之内，每个人自身的方方面面也都处于规范权力之中。从这一意义而言，在规范权力所统摄的社会中，我们每个人都处于监狱体制的规训之下，这或许正是福柯将自身的理论视域转向监狱体制的原因所在。

监狱体制的存在目的在于制造出受规训的个人，受规训的个人则是在战争隐喻下的权力—知识关系所产生的产物。监狱体制使人性的发展只有在规训条件下才有可能。当我们试图去发现我们自身的人性时，我们应注意到权力—知识关系在我们自身的人性中所留下的痕迹。战争是我们理解权力关系的关键象征，人性则是权力—知识关系的对象与工具。

4.4 权力关系与权力技术：权力的语用学分析

4.4.1 惩罚的语用学分析

18 世纪对惩罚机制的改革，使惩罚在社会情境的动态性中获得了新的意义生成形式。对惩罚机制的改革不应简单归因于对人的价值的尊重，而应归结为惩罚机制在新的社会情境中获得了新的意义形态。惩罚机制被更多赋予了普遍性和必要性的社会意义，同时惩罚机制也被要求与社会同步发展而成为有规则的功能结构。惩罚机制的改革是意义生成策略的变革。

惩罚权力以精心计算的惩罚权力经济学为自身建构新的意义形式，惩罚机制的作用点不再停留于以公开处决和公开羞辱的方式制造痛苦。惩罚机制将自身运用于人的精神层面，通过建构新的游戏形式而使惩罚在社会情境的动态性中具有新的意义形态。在新的社会情境下，惩罚权力从根除非法活动的目标出发，确定出两条不同的使犯罪和罪犯对象化的路线。惩罚权力在新的社会情境下，将罪犯的意义展现为社会公敌，而非君主的敌人。在社会公敌的意义形态下，罪犯由于失去了公民资格，从而使对罪犯施加的惩罚权力具有合理性的特征。与此相关，惩罚权力进一步将罪犯与"不正常"的人建立联系，进而将罪犯纳入科学活动的对象，使罪犯成为可能的科学治疗的对象。

在这种对象化过程中，通过刑罚权力自身的建构过程将罪犯的身份得以确定。具体而言，这种建构对象的方式借助于制定法典、确定违法行为、确定刑罚尺度、制定程序规则、确定司法官员的职能等惩罚权力重组自身的方式将罪犯对象化。在这一方式中，惩罚权力为自身确定了自己的对象，并使自身的持续存在获得了意义支撑。

当断头台作为君权的象征逐步退出刑罚权力所关注的中心位置，新的刑罚权力象征仪式得以逐步产生。断头台被人们所设想的"惩罚之城"所取代。"惩罚之城"作为权力象征形式借助于符号与象征体系将犯罪行为与法律惩罚之间的内在联系展现出来，权力自身的合理性在戏剧化的罪行展示中得以展现。"惩罚之城"是"遍布整个社会的刑罚权力的体现"[①]。以监狱为趋向的强制制度则代表了另一种权力象征形式，"监狱的出现标志着惩罚权力的制度化"[②]。"惩罚之城"与以监狱为代表的强制制度代表着"断头台"之后不同的权力象征形态，惩罚权力形态的演变也意味着在这三种不同的权力象征形态中选择合适的方式以完善权力机制的运行。

"断头台"、"惩罚之城"与"监狱"象征了权力技术的三种形态，不同的权力形态在不同的权力—技术关系中获得其自身的依据，也显现了个人与他人之间不同的生存关系。由"断头台"向"监狱"的转变，是权力关系在不同权力象征指引下自身演变的结果。我们只有以不同的象征关系为指引，才能理解惩罚权力形态的动态性演变过程。惩罚权力演变揭示了个人与他者之间生存关系的不同形态，展现了真理生产的不同形式。

权力技术的三种形态在动态性条件下发挥着意义生成功能，真理生产过程在意义生成过程中才能获得理解。"断头台"象征着君主权力的至高地位，从意义生成而言，"断头台"彰显了君主的权威和对冒犯君主权威行为的报复。在这一意义基础上，对君主权力的服从成为真理所具有的意义内涵而得以产生。"惩罚之城"象征着社会权力的存在，从意义生成而言，"惩罚之城"显现了社会的权威和对违反社会规范行为的制裁。在这一意义基础上，对社会规范的遵从成为真理所具有的意义内涵而得以产生。"监狱"象征着公共权力的存在，

---

① 福柯.规训与惩罚——监狱的诞生（M），刘北成、杨远婴译.3 版.上海：三联书店，2007，145 页。

② 福柯.规训与惩罚——监狱的诞生（M），刘北成、杨远婴译.3 版.上海：三联书店，2007，146 页。

从意义生成而言，"监狱"体现了公共权力的威信和对侵犯公共利益行为的制裁。在这一意义基础上，对公共利益的维护作为真理所具有的意义内涵而得以生成。个人与他者在不同的权力关系形态下，由于真理所呈现的不同意义内涵，而处于不同的相互关系之中。

4.4.2 规训的语用学分析

"古典时代的人发现人体是权力的对象和目标。"[①]。在古典经验的基础上，"规训"使权力关系在"解剖学—形而上学领域"与"技术—政治领域"相互联系，在肉体的驯顺过程中体现权力关系，使 18 世纪的权力关系在动态性中展现与古典经验的内在关联。

"权力关系"对肉体的驯顺逐步导致了"政治解剖学"与"权力力学"的诞生。肉体的驯顺通向的"政治解剖学"与"权力力学"也使关于权力的"微观物理学"成为可能，以肉体驯顺和战争为象征的规训机构向全社会不断扩散其影响，在不同领域以不同形式发挥着作用，形成了不同规训机构的演变历史。监狱诞生的过程属于规训机构的演变历史内容，以监狱为代表的监禁制度能够帮助我们理解权力技术的不同形式以及策略内涵。

规训权力的实现依赖于规训手段，"层级监视"通过监督使规训权力的实现得以可能，"纪律"使监督在关系权力中得以实现。"层级监视"以监督的方式取代惩罚权力的公开展示方式，实现了权力技术形式的动态演变。惩罚权力在此过程中逐步向规训权力转变，权力关

---

① 福柯．规训与惩罚——监狱的诞生（M），刘北成、杨远婴译．3 版．上海：三联书店，2007，154 页。

系的游戏形式在对肉体的不同操控中得以显现。

规训权力体制使惩罚的艺术具有区别于其在惩罚权力中所发挥的不同目的。借助于规范功能，规训权力实现了对个人的"同化"与"排斥"，以监狱为指向的刑罚机制的演变与规范化裁决和规训技术具有密切联系。规范化权力在强求一律的同时，也导致了各种个体差异的显现。规范化权力在推行准则的同时度量差异，这体现了实用的要求与度量的结果。

检查作为规训手段，融合了层级监视和规范化裁决的技术手段，借此将个人确立为客观对象。检查将权力话语与知识话语进一步结合，权力仪式与真理确立相互促进。检查将试验与力量相互补充，实现了对人的有效规训。检查是规训手段的象征形式；权力—知识关系在对个人的规训中相互结合。

当权力关系以规训方式体现时，权力关系的性质发生了变化。权力关系不再只是消极性的范畴，权力关系具有了生产属性。权力的生产属性使规训权力区别于惩罚权力。惩罚权力的主要目的在于通过对个人和肉体的操纵而使权威的地位得以展现，权威的形式可以是君主权力，也可以是社会权力。规训权力的目的则有所不同，规训权力并不仅仅具有消极意义，规训权力使权力具有了生产的属性。规训权力为个人提供个人得以产生的对象领域和真理仪式，个人在权力关系中获取自身的知识并将自身建构为对象。规训权力使权力关系与知识话语的联系成为权力技术得以实现的重要条件，规训权力也使权力关系真正体现为权力—知识关系。

边沁的全景敞视建筑代表了规训权力的理想运行机制，全景敞视主义是我们理解规训权力的典型象征形态。它为规训权力的实现营造了典型情景，其独立于权力机制却又使权力关系成为可能。在全景敞视建筑中，权力关系遮蔽自身并使权力关系的对象成为权力关系的载体，规训权力以此方式使自身消散于权力对象之中。规训权力所具有的不可见特征使其明显区别于惩罚权力的仪式形象。

尽管边沁的全景敞视建筑与瘟疫所引发的规训具有意义关联，但两者之间存在着重要差异。全景敞视建筑构成了理解18世纪权力关系的关键象征，这种象征将权力关系从特定形势中解脱出来而复归于日常生活。在全景敞视关系的象征指引下，权力关系渗入到日常生活的各种领域。权力关系从此不是人们能够回避的特定领域和特定问题，权力关系成为人们普遍生存状况的写照。

从瘟疫所引发的规训方案向全景敞视主义所指引的规训方案的转变，标志着规训社会的逐步形成。权力关系在规训方案的历史演变中促使规训社会得以形成。在规训社会中，权力关系并不取代其他社会关系形式，而是摄入到所有其他社会关系之中。在规训社会，权力关系成为社会关系的核心要素，个人在权力关系中获得对自身的认知。

在规训社会的背景下，刑事司法的特征出现了变化。在规训社会的背景下，我们不难理解监狱会与工厂、学校、兵营与医院相类似。规训社会中权力关系渗透到社会关系的各种领域，司法领域同样如此。我们在规训方案演变的历史过程中可以更清楚地理解监狱的诞生，在规训社会的动态话语中更清醒地看到现代人的生存状况。

语用学中的"动态性"与意义生成理论为我们理解规训权力的变化过程提供了有益的理论参照。规训权力的发展过程表明了动态性条件下意义生成的可能性。"瘟疫"与"全景敞视主义"代表了不同的意义符号。在不同的意义符号指引下，规训权力的不同形态得以可能。"瘟疫"所代表的意义形态指向以隔离为特征的规训权力形式。

在这种意义指引下，规训权力发挥着知识生产的功能，为自身创造存在的依据。

在动态性条件下，意义符号的变换使新的意义生成得以可能。"全景敞视主义"代表着新的意义符号形态。在其指引下，规训权力展现出新的形式，并向日常生活回归。规训权力在"全景敞视主义"意义引领下，使规训方案产生新的意义。规训社会的产生正是在动态条件下的意义生成过程中得以可能，不同的规训权力形式代表着不同的意义形态。

4.5 福柯与迈克尔·曼：微观权力与社会权力的比较

4.5.1 "社会权力的来源"：迈克尔·曼论社会权力

福柯的权力分析坚持从下而上的分析思路。与之相反，迈克尔·曼[①]则坚持将自上而下的分析思路，将权力视为决定社会变迁的整体因素。按照迈克尔·曼的概括，社会权力具有四种来源，"这四种来源是意识形态、经济、军事和政治方面的权力"[②]，四种不同来源的权力决定了社会变迁的整体形态。

当我们试图理解"社会权力"时，我们应首先从人类本性入手。

---

① 迈克尔·曼，美国社会学家。

② 曼.社会权力的来源（第一卷）（M），刘北成、李少军译.1版.上海：上海人民出版社，2002，1页。

"社会权力"的重要性与必要性，与"人类本性"所决定的人类生存目标相联系。从社会意义而言，"人类本性"体现为有意识地为获取美好事物而斗争。正是在斗争过程中，"社会权力"的必要性与重要性得以显现。人类在与自然界的斗争中以及不同人群在相互斗争中，都需要某种形式的合作以追求共同利益。在人类合作过程中，"社会权力"逐步以不同形态得以显现。通过"社会权力"的组织与协调，社会合作得以可能。从这一意义而言，"社会权力"的确立在人类本性之中具有自身的存在根基。

"社会权力"对于个体与群体具有不同方面的影响。从个体而言，"社会权力"使部分个体成为其他个体实施控制的对象，受控制的个体将丧失自身主动选择的机会。在这一过程中，受权力影响的双方具有不同的利益倾向，"社会权力"使一方主体受益的同时，损害了另一方主体的利益。"社会权力"对于个体而言，并不能保证所有个体在权力关系中获得利益保障。

从集体而言，"社会权力"可以在促进人们合作的过程中，使人们从第三方或自然界获取利益。"社会权力"虽然不能保证在个体层面所有相关主体获得利益，但在集体层面却拥有促进利益实现的功能。这可以帮助我们理解，"社会权力"自身的合理性所在。从"社会权力"的存在根据而言，"社会权力"的建构也是人类理性选择的结果。出于对共同利益的追求，"社会权力"获得了不同社会群体的认可，尽管在个体层面"社会权力"可能成为损害利益的工具。

"社会权力"可以具有不同特征，因而体现为不同类型。"广泛性权力"指向覆盖范围广、稳定程度低的"社会权力"形态，这种类型的"社会权力"只能实现最低程度的社会合作。"深入性权力"则指向结构严密和具有高度动员能力的"社会权力"形态，这种类型的

"社会权力"能保证稳定合作的实现。"权威性权力"则指向依靠强制性意志所形成的权力类型，这种"社会权力"的来源有其特殊性。"弥散性权力"则指向依靠无意识和分散方式而实现的权力类型，这种"社会权力"只能实现有限的合作目标。不同特征的社会权力具有不同的社会功能，在实现社会目标的过程中也具有不同的作用形式。

"权力"与"网络"是"社会权力"得以形成的关键所在。从"权力"的作用而言，社会与历史的发展可以被视为四种社会权力发展的产物。从"网络"形态而言，社会可以看作为互动网络，权力也相应可以被视为不同的"社会互动网络"。权力以网络化的形态发挥功能，不同的权力形态可以按照其来源划定相应的界限，社会则相应呈现为以网络形态体现的权力结构的产物。

"社会权力"所指向的"社会"不是单一的社会整体，而是权力关系的多元网络。它使我们能够将社会视为权力关系的产物，并在此基础上认识的社会变迁的历史过程。社会权力是"达到人类目标的组织、制度手段"[①]。社会权力的"工具"地位构成了社会权力的核心特征。在此意义上，社会权力作为人类实现自身目的的工具而具有必要性与合理性。社会权力并不能够影响人类所欲求的目标，而只具有在既定目标的前提下实现特定目的的工具特征。人的理性及其行为选择将是社会权力赖以存在的预设前提。

社会权力能够为我们理解人类社会与历史的发展提供了线索指引。社会权力作为网络，一方面服务于现有的制度化体系，另一方面当历史由于受到不同的目标的驱动而变化时，社会权力作为手段与工

---

① 曼.社会权力的来源（第一卷）（M），刘北成、李少军译.1 版.上海：上海人民出版社，2002，3 页。

具而不断得到发展。人类利用"社会权力",突破现有制度化水平而使历史的动态性在制度化层面得以展现。社会权力并不直接驱动人类社会和人类历史,但社会权力作为手段与工具使人类社会和人类历史的演变成为可能。

社会权力具有不同的来源与组织。对于"意识形态权力"而言,其来源可能来自于习俗惯例或仪式象征,"意识形态权力"通过"说服"和"统治"使权力作为手段和工具而成为可能。"经济权力"通过垄断生产、分配、交换和消费以满足生存需要而使权力成为可能,"经济权力"赋予统治阶级以全面的权力工具。"军事权力"在"防卫"与"侵略"、"防卫"与"攻击"的相互关联中展现权力形态,它赋予作为社会特殊群体的"军事精英"以权力工具。"政治权力"处于"国家"范围之内,并在中心位置发挥作用,它以"集权化"、"制度化"和"领土化管理"的方式统摄其他社会关系。

社会权力为实现人类不同的目标奠定了手段和工具条件,其四个来源使社会权力具体展现为不同的权力关系网络。迈克尔·曼对于社会权力及其四个来源的论述为我们理解社会权力的功能、组织及其历史形态的演变提供了重要的理论参照。对于社会权力的整体理解与把握,迈克尔·曼的研究具有重要的参照价值。

4.5.2　福柯与迈克尔·曼:权力象征的比较

福柯与迈克尔·曼对权力的分析都是将权力置于历史背景中加以考察,这是两者共同具有的特征。迈克尔·曼将权力作为人类运用理性达到特定目标的工具,借此解释人类历史演变的过程以及不同历史阶段权力组织的特定形式,福柯将权力技术形式作为通向人类自我理解的外部条件，人在特定权力技术形式下获取关于自身的知识并形成自我的目标，权力在此显现生产属性。虽然福柯与迈克尔·曼对于权力本身的地位与作用具有不同的理解，但两者都试图从权力自身的历史演变中探讨权力的内涵与形式。对于历史过程的强调，构成了两者权力分析的相似之处。

福柯与迈克尔·曼在对权力的分析中，都注意到了权力关系与知识之间的相互联系。对于福柯而言，权力关系体现为权力—知识关系，尽管我们不能将知识仅仅理解为权力关系的附属物，但权力关系的特定形式是与知识的历史形态相伴生的。如果不考虑权力技术形式，我们将无法获得关于知识形态的整体理解。对于迈克尔·曼而言，人类的知识是权力作为手段与工具的先决条件，知识与理性为人类设定所试图追求的目标，权力作为工具与手段只有在目标的统摄之下才具有自身的合理性。尽管福柯与迈克尔·曼对于权力与知识的联系具有不同的理论阐释，但从与知识相联系的视角而对权力进行阐述而言，两者对于权力的分析具有相似之处。

福柯与迈克尔·曼都拒绝将权力关系视为统一的整体，两者都试图在差异性的基础上展现权力关系的多样化特征。福柯将权力关系分析扩展到最细微的社会领域，他的权力分析以权力的"微观物理学"为特征，在对权力的微观基础进行刻画的过程中展现整体权力话语得以可能的历史条件。迈克尔·曼将权力关系作为社会网络形式加以分析，在将权力关系划分为四种来源的基础上，描绘权力关系在人类历史演变中的地位与作用。福柯与迈克尔·曼关注权力差异性的理由并不相同；但就两者都试图从差异性视角描绘权力关系而言，两者具有相似性的特征。

尽管福柯与迈克尔·曼的权力分析具有以上所描述的相似性，但两者的区别也是非常明显的。福柯对于权力关系的分析将权力关系扩展到社会生活的最基础层面，突破了以往权力分析中对于权力公共属性的强调。在福柯的权力分析中，权力关系不是人们可以选择参与或回避的对象，而是表征着"主体间性"的生存境况。人始终是与他人共同存在，权力关系呈现于人与他人的共在之中。权力关系并不只是发挥限制作用的消极因素，权力关系具有生产属性。我们在不同的权力关系中获取自我知识，实现自我的理解。权力关系是人不可回避的生存条件，尽管具体的权力关系历史形态可以改变。

迈克尔·曼对于权力的分析，将权力视为人类实现自身目标的工具与手段。迈克尔·曼试图以人类本性的一般特征为基础，借以刻画权力关系的内涵与特征。对于迈克尔·曼而言，人类是理性存在者，总是会寻找合理的工具与手段以满足自身目标。当人类历史受到不同驱动因素影响时，人类行动的目标会具有不同的历史形式。人类行动目标的不同导致权力关系作为手段与工具具有不同的历史形式。迈克尔·曼所强调的社会权力四种来源，都是人类满足不同目标的工具与手段。虽然四种不同来源的社会权力在不同历史阶段，作用范围与重要性会呈现不同的历史面貌，但其工具本性并不发生改变。

总而言之，福柯与迈克尔·曼都试图在历史动态性中刻画权力关系的内涵。但两者的理论指向并不相同。迈克尔·曼所试图描述的是权力的"科学"话语；在此过程中，人作为理性主体与权力作为工具与手段，是权力关系分析的预设前提。福柯权力分析所指向的并不是权力关系的消极属性，福柯力图彰显权力关系的生产属性。对于福柯而言，权力关系对于人的生存具有本体论意义，权力关系构成了人对于自身生存意义理解的必要条件。人只有通过权力—知识关系才能获得对于自身意义的完整理解。我们只有将其置于对人自身存在意义的根本反思之中，福柯权力理论所具有的重要价值才能得到根本显现。

4.6　权力视域中的人、真理与自由：通过象征而可能的自由

福柯政治伦理思想发展的第三阶段体现为对"权力关系"的重塑，他将"权力关系"与"知识生产"相联系，在权力—知识关系的总体背景下对"权力关系"的性质与功能进行研究。在其政治伦理思想中，"权力关系"占有非常重要位置，处于由批判否定向正面建构的过渡阶段。在此之前，福柯政治伦理思想实现了对"理性"的消解和对"科学"的解构。对于"权力关系"而言，他并没有简单地以肯定方式或否定方式加以对待，而是将"权力关系"视为"人的存在"所具有的"为他存在"生存维度的具体体现。"权力关系"体现了个体生存的存在维度，并在其整体视域中显现人、真理与自由所具有的内在关联。

当我们在"权力关系"视域中探讨人的存在时，我们不能把人理解为孤立的个体，个体的存在以与他者共在的形态展现自身的意义。"权力关系"向我们表明人始终是与他者共在的，个人与他者处于相互关系之中。权力—知识关系则是个人与他者关系的具体呈现。

从理解权力的角度而言，以往多数研究往往从人类存在个体为出发点、在个体交互作用的基础上理解权力的基础及其合理性。福柯对于权力的理解则开辟了理解权力的不同道路。权力之所以重要，并不是因为权力可以成为人实现不同目的的有效工具，正如迈克尔·曼所

得到的结论。权力关系之所以重要，原因在于权力构成了理解人的存在的重要环节。

个体与他者的共在并不是简单意义上的并存，个体与他者以权力关系的形式形成相互关系，并进而获得对自身的理解。他者是通向个体自我理解的道路，正是在这一意义上，我们才能理解福柯所强调的，权力具有生产的属性。权力关系并不只是对个体的限制性因素。权力关系具有生产性特征，使个体在与他者的生存联系中理解自身的存在意义。我们只有以人的存在，具体而言以人"为他存在"为指引，才能理解权力的重要性。

不同的"权力关系"类型代表了不同的人与他者共在的形式。"断头台"所象征的君主权力代表了君主与个体之间所具有的统治与被统治的相互关系，"监狱"所象征的社会权力则指向社会与个人之间所具有规训与被规训的相互关系。"权力关系"在塑造个体的过程中展现"为他存在"的生存维度，它使"人的存在"在其自身中显现特定的生存维度。

"权力关系"并不单纯是对个体的限制性因素，它也并非阻碍追求真理的因素。在权力关系中，"真理"以不同的意义呈现自身。当我们从历史视域把握人的存在时，"真理"以"非遮蔽"的意义形式展现自身。当我们从世界范围理解人的存在时，"真理"以"非合成"的意义形式呈现自身。如果我们从个体与他者的关系、从权力关系的视角反思人的存在时，"真理"以"直接"的形式展现意义。"真理"可以用以描述人的行为，在人的行为中、在个体通过行为借以形成与他者的意义关联中，"真理"以"直接"的意义呈现自身。

在权力—知识关系中，"真理"的"直接"意义指向表现为个体行为呈现端正的特征。个体行为与传统、习俗和其他规范并行不悖，其在端正的意义上体现"真理"的内涵。个体行为并不需要借助于其他目的为自身奠定基础，其自身直接就是目的，其目的在行为中直接显现。任何行为总是处于与他者相联系的权力—知识关系之中，在权力—知识关系中体现自己的"真理"意义。正确的行为只有在权力—知识关系中才能获得自身的存在依据，权力—知识关系为正确的行为生产出具体的标准。

当人与他者共在，当人处于权力—知识关系之中时，人的自由何以可能？自由作为"让存在者存在"，通过象征而使自身成为可能。自由通过不同的象征的形式，揭示出人与他者共在的生存处境。在福柯对于监狱的诞生所做的分析中，人与他者之间的内在联系以及人的行为所具有的不同意义在以权力—知识关系所形成的象征形态中加以表达。惩罚机制代表了以断头台为象征的君主权力仪式的补偿形态与实施方式，在以断头台为象征的权力—知识关系中，君主权力所指向的社会秩序得以形成，人的行为所具备的正当性也由此获得根据。惩罚机制为行为的正当性确立了标准，人的行为的正当性彰显了"真理"所具备的"直接"的意义指向和"正直"的价值内涵。

当权力的象征形式发生改变时，权力—技术关系所确定的秩序形态也会发生。作为"让存在者存在"的自由所指向的秩序也会发生相应改变，"真理"的"直接"意义与"正直"内涵也会发生形态改变。监狱体制是社会权力的象征形态，这种象征形态不同于断头台的象征。监狱体制指向着非人格化的权力形式，社会权力的实现不再向君主权力那样依赖于人格化的载体，它使权力的实现在非人格化条件下得以可能。监狱体制是社会权力的集中象征，"监狱群岛"使权力—技术关系统摄社会全部领域。在监狱体制的象征之下，人的存在状况以"为他存在"的形态得以显现，权力—技术关系构成理解人与他者关系的核心环节。伴随监狱体制的规训社会使人的行为处于规训之中，人的行为处于不断被塑造的过程之中。在行为的塑造过程中，行为的正当性准则得以构建，"真理"所具有的"直接"意义和"正当"内涵得以体现。

总而言之，福柯的权力理论所指向的核心问题是"自由"，"自由"应在"让存在者存在"的意义上加以理解。福柯通过权力理论向我们展现了"自由"通过象征所具有的可能性。在象征基础上，"自由"使存在者在不同秩序中得以存在。"自由"的可能性要在人的存在与真理的意义中加以理解，权力—知识关系展现了人的存在所指向的"为他存在"的维度，同时彰显了"真理"的"直接"意义和"正当"内涵。

第5章 自我艺术的生存美学
——伦理、审美与自由

　　我认为，必须把哲学修行理解为一种把认识主体塑造
为正确行为的主体的方式。而且，通过把自身同时塑造成
真知的主体和正确行为的主体，人就处于一个作为自身相关
物的世界之中，这是一个被感知、被承认和被当作为考验的
世界。

——福柯:《主体解释学》

5.1 "艺术作品的本源"：海德格尔论真理与艺术

　　"美"的概念与政治伦理思想之间的关联在很多学者的思想中有
所体现，康德将"美"与"崇高"视为连接"纯粹理性"与"实践理
性"的中间环节，尼采将"审美"看作"世界"与"此在"的合理
性依据。福柯对于"生存美学"的探讨在一定意义上延续了康德与尼
采所代表的将伦理与"美"相联系的学术传统，但福柯将"审美"与

"自我主体化"相联系，彰显了"生存美学"与"自我艺术"的内在
关联，进而显现出伦理、审美与自由之间的本质联系。福柯关于"生
存美学"的分析，在政治伦理思想领域具有重要的参考价值。

福柯关于"生存美学"的分析，集中体现在《性经验史》，尤其
是其第二卷和第三卷中。这本著作是福柯思想第四阶段的代表性著
作。他在这一思想阶段，以"人的存在"所具有的"自为存在"维度
为思想背景，具体分析了围绕着生存美学所展现的自我技术形式。在
对自我技术的分析中，他将"自我主体化"的实现奠基于科学与权力
之上，使"自我主体化"与"生存美学"得以相互联系。如果我们试
图理解福柯生存美学所具有的思想内涵，我们需要首先理解人与自我
的关系维度在艺术作品中的体现。海德格尔艺术思想为我们理解"艺
术"与"人的存在"之间的内在联系提供了思想线索。

"物"与"艺术作品"存在着差异。"艺术作品"虽然包含着物的
因素，具有物的体现形态，但"艺术作品"不只是物，而是与真理相
关联，"艺术就是真理自行设置入作品中"①。"艺术作品"的特征在于
将"真理"纳入自身之中，"艺术作品"与"真理"之间存在着本质
关联。"艺术作品"所指向的"真理"并不是一般意义上、以"符合"
为特征的"真理"概念，而是指向"真理的本质"。

"真理的本质乃是自由"②，自由"自行揭示为让存在者存在"③。这
样，我们就可以理解在何种意义上艺术作品与真理能够相互联系起

① 海德格尔.林中路（M），孙周兴译，1版.上海：上海译文出版社，2004，25 页。
② 海德格尔.路标（M），孙周兴，译.1版.北京：商务印书馆，2000，214 页。
③ 海德格尔.路标（M），孙周兴，译.1版.北京：商务印书馆，2000，216 页。

来。"艺术作品"以"艺术"的方式开启"存在者之存在","存在者之解蔽"就是真理。通过"存在者之存在","艺术作品"与"真理"相互归属，两者之间不是简单地相同，而是具有"同一性"。

"艺术作品的本源是艺术"①。如果单纯从这一论断本身而言，我们很难理解其内涵。我们必须把对"作品"的解读和以上论断相联系，才能明确"艺术作品的本源是艺术"所蕴含的理论旨趣。"作品存在就是建立一个世界"②。"艺术作品"的特性在于能以自己的方式"建立一个世界"，但"艺术作品"建立的世界并不是作为我们认识对象的世界，而是建立起世界得以显现的道路。"艺术作品"指引给我们的道路，并不通向直接认识，"艺术作品"的道路通过抵制而显现。"艺术作品"使我们免于误入迷途而产生对世界的错误理解。正是在此意义上，"艺术作品"与作为"存在者之解蔽"的"真理"相互归属。世界并不是由于人的认识和把握才呈现，其自行呈现和自行公开。世界与历史性民族的本质决断相联系，在历史性民族的本质决断所开辟的道路中世界呈现。它并不是单纯的物的堆积，也不是主观意识的体现。世界是历史性民族的本质决断与命运的显现。

艺术作为艺术作品的本源，同时也是真理生成方式。正源于此，"艺术是真理自行设置入作品"才是可以理解的。海德格尔关于艺术本源的思考为我们理解艺术作品敞开了存在的视域，使我们能够从本源深处思考艺术与艺术作品。

---

① 海德格尔.林中路（M），孙周兴译，1 版.上海：上海译文出版社，2004，25 页。

② 海德格尔.林中路（M），孙周兴译，1 版.上海：上海译文出版社，2004，30 页。

5.2 《审美经验现象学》：杜夫海纳论审美经验

海德格尔对于"艺术"与"艺术作品"的探讨，侧重于从"艺术家"的角度把握"艺术"的本质。杜夫海纳所探讨的审美经验指向欣赏者，"审美经验指的是欣赏者的而不是艺术家本人的审美经验"①。

区别于心理现象，"审美经验"具有先验性质与形而上学意义。同时，"审美经验"具有"静观"特性。当我们试图从总体上理解审美经验时，我们拥有两条走进审美经验的不同路径：探讨艺术家审美经验的路径与分析欣赏者审美经验的路径。综合这两条路径，我们可以获得对审美经验以及艺术作品的更全面理解。

通过对艺术作品的分析而赋予审美对象以普遍意义，继而达到对审美经验的总体理解，成为从欣赏者理解审美经验的关键所在。欣赏者与艺术作品的意向关联所产生的审美经验，是"审美经验现象学"的意旨所在。

审美对象与艺术作品之间是存在差异的。艺术作品并没有包含审美对象的所有领域。同时，艺术作品的存在并不需要依赖于审美过程，即使没有欣赏者，艺术作品仍然成其为艺术作品。审美对象需要欣赏过程，脱离开审美过程，审美对象就失去了存在的基础。在艺术作品成为审美对象的过程中，审美知觉是重要的条件。在此意义上，"审美对象是作为被知觉的艺术作品"②。

---

① 杜夫海纳.审美经验现象学（M），韩树站译.1版.北京：文化艺术出版社，1996，1页。

② 杜夫海纳.审美经验现象学（M），韩树站译.1版.北京：文化艺术出版社，1996，8页。

　　艺术作品成为审美对象需要审美知觉。审美知觉在完善审美对象的过程中确立审美经验的前提，审美经验必须符合审美知觉。审美经验需要以静观的方式，按照审美知觉的要求，以艺术作品的方式感知艺术作品，进而呈现其自身的意向形式。

　　审美对象对审美知觉而言，同样具有重要意义。审美对象以表现自身的意志而成就自身的法则，它要求审美知觉以审美对象所要求的方式去呈现审美对象。审美知觉并不是单纯对审美对象的主观界定，而是对审美对象的意向呈现。当审美知觉符合审美对象自身准则时，审美对象成就其自身的存在方式。

　　美不是由审美主体所决定的，它是审美对象自身的显示。美不是理论制造的产物，它在审美对象的存在中展现。美学的可能性在于审美对象与审美知觉的意向关联之中，两者在审美经验过程中相互界定。审美知觉成为联系审美对象与审美经验的关键环节，"审美经验现象学"可以理解为对审美知觉的现象学考察。

　　艺术作品作为审美对象与表现密切联系，并在审美知觉中呈现自身。表现对于艺术作品的重要性在于"表现赋予对象以最高形式"[①]。"表现"赋予艺术作品以"最高意义"，体现艺术作品的"最高形式"，彰显艺术作品外部特征的统一，并在艺术作品的外部特征中形成属于艺术作品的"特色"。艺术作品的"特色"使艺术作品的外部特征展现为特定的统一体，并借此使艺术作品成为能够识别的特定对象。但艺术作品的"特色"却又是难以准确刻画的，这使艺术作品的表现难以被分析所穷尽，尽管我们可以欣赏艺术作品的"特色"。

---

　　① 杜夫海纳.审美经验现象学（M），韩树站译.1版.北京：文化艺术出版社，1996，364 页。

审美对象与欣赏者在知觉中相互联系，它的表现需要通过知觉而得以完成。当审美对象脱离审美知觉时，它无法在审美经验中展现自身的存在而只能呈现自身"物"的特征。但审美对象为我们而存在并不否定审美对象"自在"的特性。审美经验并不创造审美对象，而是以美在审美对象的自身显示为前提，审美知觉只能揭示美在审美对象自身中的表现，这使审美对象具有"自在"特征。

审美对象不仅是"自在"的，而且是"自为"的，这体现为审美对象具有"准主体性"的特征。审美对象之所以能够表现，是因为审美对象的构成模式赋予审美对象以运动的内在能力，它正是在运动中才能够表现。审美对象的内在运动在自身所具有的"隐蔽的时间性"中展开，它的时间性在作为欣赏者的审美主体的时间性中得以显示。审美对象的主体性之所以是"准主体"的特性，原因在于审美对象只有相对于作为审美主体的欣赏者才成就其"准主体性"地位。审美对象与作为审美主体的欣赏者在审美知觉中相互联系，审美知觉成为理解审美经验的关键所在。

审美知觉在"感觉"与"思考"之间交替运动，审美经验处于感觉和思考两者之间。当审美经验从一方过渡到另一方时，意识的自发性成为不可或缺的条件。意识自发性使审美主体自身的自发性得以可能，审美主体在意识自发性中通过审美知觉而使审美经验在感觉与思考的动态过程中成就自身的存在。

审美对象具有"真实性"的特征，审美真实性具有两种首要意义。艺术作品作为审美对象自身具有独特性与完整性，呈现"自在"与"自为"的"准主体"特征，它以其自身的形态展现在欣赏者面前，具有真实的品质。从这一意义而言，艺术作品作为审美对象具有"真实性"。同时，艺术家在创作作品的过程中创造自己，艺术作品展现艺术家内心的必然性并使艺术家成就其所是。艺术作品作为审美对象，在艺术家成就自身的过程中获得真实性的本质。

审美对象与现实的关系不同于科学与现实的关系。科学力求揭示现实的现实性，而审美对象则揭示现实意义。审美对象并不试图在自身中与现实相等同，而是凸显现实得以出现的情感方面。在审美对象所营造的情感世界中，现实世界的情感意义得到实现。审美对象是与情感相联系的，欣赏者在审美经验中体验被现实世界所遮蔽的情感体验。

在审美对象中，感性与真实相互联系，感性以美的形式见证真。艺术的功能恰恰在于赋予感性以"充实性"和"必然性"，使"美"成为"真"的标志。审美对象并不单纯地仿效现实，它从自身的内部出发而与现实相联系，并进而在现实中展现自己的真实性。审美对象先于现实而成为真实，它赋予现实性以真实性。

审美对象通过揭示艺术世界而为现实世界开启真实性之门，它所通向的世界只有在先验的视域中才能呈现。它的世界不以现实世界的经验性为条件，但审美对象的世界也不是随意想象的世界。现实世界将被审美对象所带来的艺术之光所照亮，并在艺术之光中获得自身存在的根据，现实也因此成为由审美所阐明的现实。

现实脱离其被阐明的方式，对意识而言，既是无意义的，也是不可理解的。现实只有与阐明方式相伴随才能通达意识。科学试图将一个客观化的世界呈现给我们。但客观世界的理解始终建立在与主观世界的参照之中，科学理解也始终处于与艺术体验的对比之中。

艺术作品使审美对象在审美经验中发现自己和成就自己，艺术作品使欣赏者在与现实的调和过程中成就自身。艺术作品先于现实显现现实的真实性，审美者在审美经验中成就自身的世界并使自身与宇宙秩序相一致。艺术作品自在于欣赏者而为欣赏者呈现意义，欣赏者在审美知觉中关联于艺术作品而使自身的人性在艺术作品的世界中得以形成。审美经验现象学为我们理解福柯的"生存美学"提供了有效的理论指引，使我们能够理解当我们把自身当作艺术品时究竟意味着什么。

5.3 生存美学与自我主体化：自我艺术的审美分析

5.3.1 生存美学与自我

《性经验史》中所探讨的问题集中于自我领域，尤其是作为道德实践过程的自我技术。福柯虽然在《性经验史》中也会论及有关"性"的问题，但"性"的问题只是通向自我问题的媒介而已。我们如果将"性"的问题置于福柯《性经验史》的中心环节，那将错失福柯论述的中心问题。

《性经验史》对伦理学的探讨源于其对公元前4世纪和罗马帝国初期道德实践的反思。以上时期的道德实践所代表的伦理学类型是一种美学伦理，这是因为"这种类型的伦理学的首要目标和首要对象是美学性质的"[①]。这一时期道德实践所体现的美学特征归结为以下方面：道德选择与伦理实践指向个人选择，这种个人选择只是为少数人确立的理想生活方式，以便在个人的美好生活中将自身塑造为"美"

---

① Foucault Michel, translated by Robert Hurley and others (1997), Ethics: Subjectivity and Truth, The New Press: New York, 254.

的形象并留存于他人的记忆之中。

具有美学特性的伦理学首先体现在伦理学指向个人选择问题，在个人选择中个人的差异性得以显现。这与美学的关联体现在审美经验强调艺术世界的差异性与多样性，艺术世界中的多样性居于核心位置。与之相类似，在伦理世界中，美学特性的伦理学直接指向个人选择，并借此而凸显个人的差异性。美学特性的伦理学以尊重个体性和接纳差异性为其基本特征。

具有美学特性的伦理学体现在意志层面，体现在"求美意志"。"求美意志"一方面体现为主体化意志对美好生活的追求上，另一方面体现为主体化意志对在与他人共在时、将自身塑造为"美的存在"并停留在他人记忆中的追求。意志与美的两方面关联体现了审美对象的双重属性，审美对象既是自在自为的，又是在审美经验中成就其意义。意志对美的追求，既在个人选择中体现为对美的创设，又在与他人的共在中彰显美的意义。当我们纯粹生活在共同规范之中时，伦理的美学特性将无法实现。当我们只停留在个人领域，美的意义也无法呈现。

"生存美学"（an aesthetics of existence）与古希腊伦理学具有本质联系。"生存美学"具有两方面的意义指向。一方面"生存美学"指向"生存"维度，指向人作为存在者的存在状态。"人是存在之邻居"[①]。福柯所描绘的"生存美学"，正是指向人作为存在者所展现的"绽出之生存"，指向与存在相临近的"人"。

另一方面，"生存美学"在指向"生存"维度的同时，也指向"美学"维度，指向人作为审美对象的审美经验。人在审美经验中以

①　海德格尔.路标（M），孙周兴，译.1版.北京：商务印书馆，2000，404页。

艺术作品的形式呈现自身，并拒绝以任何方式将自身客观化为纯粹之物。人也在审美经验中成就自身在艺术世界中成就的真实，这一真实先于现实并为现实性提供参照。我们要在"生存"与"美学"两条相互联系的线索中理解"生存美学"，联系这两条线索的关键在于"真理"。"绽出之生存"指向人在存在之真理中生存，"审美经验"则在艺术世界中呈现真理，艺术世界的"真理"指明了通向存在之真理的道路。

"生存美学"以古希腊伦理为基础，但并不意味着试图用古希腊伦理学作为替代方案解决当今时代的问题。"生存美学"与"悲观行动主义"（pessimistic activism）具有密切联系，"悲观"表示将一切事物视为危险，而不是视为理所当然。当我们将事物视为危险时，我们会避免因为过于乐观而使自身陷入盲目的境地。"行动主义"并不主张我们面对危险听之任之，而是强调我们面对危险应有所作为，正是在这一意义上，"生存美学"彰显自身的实践导向。

"生存美学"受到忽略源于艺术在现代社会所处的边缘地位。艺术在现代社会成为专门领域而远离每个人的生活，它被局限于特定的艺术对象的领域而远离生活。当艺术远离人们的生活时，生活所应具备的美学属性也就被遮蔽了，生活也就变成了单纯的面对科学的对象。"生存美学"力图将"美"引入生活领域，用"美"照亮生活中的艺术世界，这是"生存美学"的意旨所在。

生活具有美学特征，人自身也应在审美经验中成就自身之所是。"自我"也不是我们单纯制作的对象，而是我们自己创造的艺术作品。"创造"并不等同于无中生有，"艺术作品"作为审美对象具有"自在"与"自为"特征。审美经验在"艺术作品"自身得以完成，并通过审美知觉得以显现。当人把自身作为艺术品加以创造时，一方面艺术作品将真理置于自身的内在特性使人作为"绽出之生存"——在存在之真理中生存——得以显现。另一方面艺术作品在审美经验中的意味并不由艺术家所外在附加的方式创造，艺术家开启作品自身所蕴含的"美"的真理，"人"在创造自身时也同样是使人的本质在表现中呈现意义。人不能为自身创造本质，人只能使自身本质的历史天命在表现中显现，人以显现的方式将自身创造为艺术作品。

个人与自我的关系指向主要四个方面；"第一方面回答这样的问题：自我或我的行为的哪一方面或哪一部分与道德行为相关"[①]。对于这一问题，可以有感觉（feelings）、意愿（intension）、欲望（desire）等不同回答。这一方面可以被称为"伦理实体"（ethical substance）。"伦理实体"是伦理所指向的"自我"质料。通过"伦理实体"，"自我"将被塑造为道德行为者。

"第二方面的关系是我称之为的主体化方式"[②]。"主体化方式"具有不同的形式，例如神圣法、自然法、宇宙秩序、理性法则和生存美学等。"生存美学"是"主体化方式"的历史形态之一，它对于现代社会具有特殊价值与意义。

"第三方面我称之为自我—形成活动"[③]，"自我—形成"（self-forming）与"禁欲主义"（asceticism）相联系。"自我"并不是预先"给予"的，而是在活动过程中形成的，正源于此"自我"才需要塑

---

① Foucault Michel, translated by Robert Hurley and others（1997），Ethics：Subjectivity and Truth，The New Press：New York，263.

② Foucault Michel, translated by Robert Hurley and others（1997），Ethics：Subjectivity and Truth，The New Press：New York，264.

③ Foucault Michel, translated by Robert Hurley and others（1997），Ethics：Subjectivity and Truth，The New Press：New York，265.

造。另一方面，"自我"的塑造并不是随心所欲的，而是要呈现人之生存本质，也正因为如此"自我—形成"才与"禁欲主义"相联系。

"第四方面是：当我以道德的方式做出行为时，我立志成为何种类型的存在者？"①，福柯将此称之为"目的"。伦理目的具有不同的形式，如"纯粹"（pure）、"不朽"（immortal）、"自由"（freedom）、我们自身的主人（masters of ourselves）或者其他目的。从福柯的伦理立场而言，"自由"是伦理所追求的"目的"。福柯所理解的"自由"具有海德格尔思想的特质，即"让存在者存在"（let beings be），他所追求的伦理目的也就在于"成为其自身"。

福柯根据以上与"自我"的四种联系建构了分析伦理视域的基本框架，他以此框架为基础试图勾勒出"伦理谱系学"（a genealogy of ethics）的整体面貌。如果以此框架为基础去理解福柯自身的伦理立场，我们可以得到这样的结论：他所强调的"伦理实体"是"生活风格"（style），这种"生活风格"的具体形式为"悲观—行动主义"，行为的道德性在"生活风格"中得以显现。他所强调的"主体化方式"是"生存美学"，在"生存美学"中道德义务获得其认同基础。他所强调的"自我—形成"活动是"写作"与"言说"，在"写作"与"言说"中"主体化"得以最终完成。他所强调的"目的"是"自由"，"自由"是伦理的形而上学条件，正是"自由"使"主体化"过程得以最终完成。

"伦理谱系学"的分析在《性经验史》中，尤其是在第二卷与第三卷，得到集中体现，"生存美学"的伦理意蕴在"快感的享用"与

---

① Foucault Michel, translated by Robert Hurley and others（1997），Ethics: Subjectivity and Truth, The New Press: New York, 265.

"关注自我"中得到充分体现。海德格尔关于人作为存在者的"绽出之生存"和杜夫海纳的审美经验为我们理解"生存美学"指明了理论方向。"快感的享用"与"关注自我"为我们理解"生存美学"提供了文本范例。我们可以结合"快感的享用"与"关注自我"去具体分析福柯"生存美学"的伦理内涵。

5.3.2　"快感的享用"：自我艺术的审美分析

"生存美学"在《性经验史》第二卷"快感的享用"中，以"自我艺术"的形式得到表现。"性经验史"并不指向对"性"问题本身的研究，而是力图通过"性"问题去揭示"自我"与"自我技术"。通过将"性"作为"经验"的特殊形态而加以考察，"生存美学"主要关注"知识领域"、"规范形态"和"主体性形式"之间的内在联系。它力图连接"科学"、"权力"与"伦理"三条轴线。这三条轴线统一于"主体性形式"，而"主体性形式"最终指向"自我"。

"快感的享用"与"关注自我"中所研究的主题指向"自我是如何被塑造成主体"。"性经验史"作为"有欲望的人的历史"，是"自我"研究的"参照领域"，并进而成为"研究领域"。"自我"是理解"快感的享用"与"关注自我"的核心线索，"生存美学"则是"自我"研究的理论主题。"自我"与哲学相关，哲学体现为"一种自我的修行"①。"自我"构成了哲学思考的关键环节。"生存美学"为"自我"确定了"主体化方式"，"自我技术"为"自我"提供了"自我—

---

① 福柯.性经验史（增订版）（M），佘碧平译.1 版.上海：世纪出版集团、上海人民出版社，2005，111 页。

形成"路径。在"性经验"所确定的"伦理实体"以及"自由"所确定的"目的"之下，"性经验史"构成了完整的自我联系。

"性经验史"的研究遵循了历史年代顺序，"快感的享用"集中探讨古希腊时期的生活方式选择与实践，"关注自我"则主要以记载古罗马时期历史的希腊文献和拉丁文文献为基础展开研究。在古希腊时期，"性活动"之所以被视为是卑下的，原因在于"性活动"是人与动物所共有，而且与肉体的需要相关，并使肉体围绕需要而呈现单纯的重复。"性活动"并不能体现人自身的独特性，而是体现人与动物的共同性，这使"性活动"体现其源于动物的卑下特征。"性活动"所伴随的快感使其经常处于可能被过度追求的地位，超越自然所设定的界限，也因此使其成为道德关注的对象。

"性活动"所导致的"道德质疑"并不在于否定"性活动"自身的自然属性。"道德质疑"集中于如何将"快感"置于自然的界限之内，并在此界限内"享用"快感。"道德质疑"试图对"快感"划定合理的界限，使"快感"成为"伦理实体"具体指向的对象。"享用"则指向"自我—形成"方式，在行为过程中塑造道德行为者。"快感享用"与"风格"相联系，"风格"成为以"快感"为指向的"伦理实体"。"快感享用"的"道德质疑"寻求"风格"的确立，进而为"生存美学"开辟"自我技术"的有效路径。

在"快感享用"中，"生存美学"涉及三种行为策略的选择："需求"、"时机"与"地位"。"需求"策略指向"节制"，人的行为不应受到欲望的主导，而应使欲望停留在必需的范围之内。"时机"策略可以从不同标准加以确定，可以把"时机"指向人的一生中的不同阶段，还可以指向年份与季节，也可以指向一天中的不同时刻，在"时机"选择中"快感享用"呈现艺术特征。"地位"策略与身份密切相关，个人根据自身的地位确定自己的行为选择，以将自身塑造为"艺术品"。通过不同的策略选择，"自我"在"自我主体化"过程中显现"生存美学"的意义内涵①。

　　"自由"之所以对于"快感享用"很重要，它使个人能摆脱欲望的束缚，成就真实的自我，并进而是城邦的幸福和良好的秩序成为可能的原因所在，这正是在城邦背景下古希腊思想强调"自由"的意义所在。但古希腊伦理视域中的"自由"并非是一种自由决断意义上的自由。"自由"对于"快感享用"的意义在于使个人摆脱自我对自我的奴役，使个人面对快感时保持主体化形式而不被快感所驱使。

　　"自由"与"节制"的概念也有密切联系。"自由"在"节制"中得到充分展现，"节制"使"自我"在"自由"中克服奴役而成为道德主体。"节制"是个人面对快感时实现"自我控制"，并借此确定自我的"男性结构"。成为"男人"并不意味着放纵，而是意味着以主动的方式将自身塑造成道德主体。成为"男人"意味着成就德性，在德性生活中展现生存美学，在自我控制中体现自我技术。通过"自我控制"的"训练"，道德主体建构自身的主体化过程得以完成。"自我控制"成为"自我技术"重要形式，并使"自我"与"自由"、"真理"相联系。

　　"自由"与"节制"所导向的"男性"生活与"真理"密布可分。在快感实践中，快感与"逻各斯"之间的关系具有三种不同形式。"节制"将"逻各斯"置于控制欲望的至高位置而使"道德主体"的塑造成为可能。"真理"将指引快感的结构形式，将欲望控制在需

---

　　①　福柯.性经验史（增订版）（M），佘碧平译.1版.上海：世纪出版集团、上海人民出版社，2005，143—146页。

要的范围之内。"逻各斯"可以凭借实践理性的形态，指引道德主体选择需要的范围、时机的确定和环境的条件，以此确保对快感的控制。"逻各斯"还以第三种形式体现出来，道德主体塑造自我的过程以"认识自我"为前提条件，"逻各斯"则使"认识自我"成为可能。在快感实践中，"自由"与"真理"共同开启了生存美学。生存美学必须被理解为一种"生活方式"，同时体现了人之生存的本体论地位与作为审美经验之美学的可能性。真理在人之生存中呈现，真理在艺术作品的审美经验中形成，人是存在的近邻，人以艺术作品的方式显现其本质。

希腊人对"性快感"的反思并没有促使性禁忌的产生，而是使"自由"以风格化的方式为道德主体展现。"养生学"从具体的艺术化生存方式中显现生存美学。美不是空洞的，而是显现在艺术作品之中。生存美学也在艺术化的生活方式中得到彰显，"养生学"就是艺术化生存方式的典型例证。"养生法就是一种生活艺术"①。

"养生法"作为"生活艺术"使个体生活的风格化得以可能，进而在自由的基础上使个体成其所是。古代"养生法"与性活动的关联体现在，试图为快感享用的实践提供"限制性的管理"。快感享用对个人而言，或多或少具有有害的后果，但这并不意味着对快感享用的禁止，而是需要对快感享用提供指引。"养生法"会结合个人、世界、身体、季节等多种因素对快感实践提供指引，使快感实践成为审慎的实践。"养生法"使快感实践指向对身体的关注，并进而使个体成为医学与道德主体。

---

① 福柯.性经验史（增订版）（M），佘碧平译.1版.上海：世纪出版集团、上海人民出版社，2005，178 页。

"家政学"（Economics）与"养生法"类似，同样构成了"自我艺术"（art of the self）的组成部分。"家政学"指向家庭而与婚姻制度相联系，婚姻制度对女人和丈夫的性选择虽然提供了形式类似的原则，但原则的本质却存在明显的区别。"家政学"体现了"现实不对等的风格化"，其在婚姻中借助于性选择的限制使道德主体塑造自身，并进而呈现"自我艺术"与"生存美学"。

在"家政学"的更广泛意义上，"家政学"讨论管理家务，而家务则涉及妻子、奴隶和家产。在此意义上，丈夫和妻子的地位、角色与应遵循的原则仍处于不对等地位。丈夫通过节制而成就道德主体化过程，妻子则在丈夫"自我艺术"的引领中体验生活的意义。"艺术"需要艺术家与欣赏者的共同参与，艺术家与欣赏者是不对等的。"家政学"作为"自我艺术"的表现形式也体现了类似的关系，丈夫与妻子在不对等中相互依赖，共同彰显"生存美学"的伦理意蕴。"节制"在"家政学"中占有核心位置，但并不同于对道德原则的纯粹遵守。它为妻子与丈夫提供了不同的"自我艺术"实现路径，妻子与丈夫以各自不同的风格化将自身塑造为"艺术作品"而实践"生存美学"。

"性爱论"构成了与"养生学"和"家政学"不同的快感实践。在"性爱论"中，男童的地位是独立的。求爱者的"节制"不仅显现为"自我约束的统治伦理"，而且要帮助被爱者建立"节制"而成就自身。从"生存美学"而言，求爱者与被爱者之间的关系不是艺术家与欣赏者之间的关系，而是艺术家之间的对话。"性爱论"指向相互联系的两种"自我艺术"的互动，并在互动中彰显对方"美"的形式。

对于"男童"而言，"荣誉"是其生活方式风格化的核心所在。

"男童"在快感实践中接受考验，男童对自身肉体的使用影响其声誉并决定其未来声望。男童的生活是"公共的作品"，而且是"有待完善的艺术作品"。男童在快感实践过程中、在公共视域内将自身塑造为"艺术作品"，展现其不同于男人的"生存美学"。男人与男童在作为快感实践的"性爱论"中处于不同的角色地位。男童与男人在"性爱论"中以不同的方式形成各自的生活风格，借以成就不同的自我技术。男童与男人的自我技术是相互联系的，共同构成了快感实践中主体化方式的独特路径。

"男童之爱"不仅是快感实践风格化的体现，而且也与快感享用和真理之间的关系密切相关。以"男童之爱"为指引的哲学反思通向这样的问题：真实的爱情应该是什么。"男童之爱"为哲学反思提供了探寻真理的崇高精神主题，它使男童对自身的肉体使用以及欲望主体的地位进行反思，进而使真理在对欲望的控制以及快感实践中显现。"男童之爱"使恋爱中交往双方的主体化进程被纳入哲学反思之中，从而使交往双方的对等性与互惠性在"生存美学"的投射中显现真理。它使作为"公共的作品"和"有待完善的作品"的男童自身，在自我艺术的完成过程中显现真理。"男童之爱"使爱情在快感实践的净化过程中面向真理而成就自身。

"快感的享用"所指向的并不是欲望的放纵，而是以不同形式呈现的"节制"进而塑造自我。古希腊人并不是为了追求欲望而享用快感，他们是在塑造"自我"的过程中享受快感。快感实践是自我艺术的组成部分，是生存美学的展现形态。当我们理解快感实践时，我们不应忽略"关注自我"。我们应在"关注自我"中实现"自我教化"，从而展现真正意义上的生存美学。

5.3.3 "关注自我"：自我教化的审美分析

对于"关注自我"的分析需要从关于"快感"的讨论入手，这提示我们在理解"关注自我"时，要以"快感的享用"为基本的参照对象。从文本结构而言，"关注自我"与"快感的享用"之间的联系，不仅体现在"关注自我"在开端处与"快感的享用"的主题相互联系，而且从内容安排上两者的关联也非常明显①。我们在理解"关注自我"时，要以"快感的享用"为参照背景。

"快感的享用"从快感实践本身的界定入手，在性活动的配置中揭示主体塑造自我的"自我艺术"以及主体塑造自身过程中生活方式风格化所呈现的"生存美学"。"关注自我"中的分析思路有了转变，这是分析性活动实践所针对的历史时期有了转变，进而主体化形式发生了形态转变。

"关注自我"先从主体的"自我教化"入手，换言之，从主体形成自我的主体化方式入手，进而分析自我作为主体化形式的结果在性活动与各种生活领域中的评价原则。它将分析的历史时期集中在公元初的几个世纪，即罗马帝国时期。"自我教化"所赖以存在的观念并不是在这一时期才出现的，它所依据的"关注自我"观念是希腊文化中的古老论题。但"自我教化"使"生存的技艺"将自身奠基于"关注自我"的原则之上。罗马帝国时代是"关注自我"原则集中体现其实践意义的历史时期，这也是"关注自我"的理论探讨集中于这一时

---

① "快感的享用"从养生学、家政学与性爱论三个方面探讨快感实践；"关注自我"从身体、女人与男童三个方面探讨自我教化以及自我与他人之间的关系；两者在内容方面的对应关系是非常明显的。

期的原因所在。

"关注自我"一方面使人自身成为自身所关注的对象，成为"自我艺术"的实践对象。另一方面，它是自我在成就自身的过程中成就自由，自由"让存在者存在"，自由让自我成就自身。"关注自我"是多种实践形式的综合体现，是"自我艺术"的目的指向。在"关注自我"的实践指向中，"自我"作为实践指向的主体化形式，在"自我技术"的实践形态中得以形成，并同时为"自我"与其他社会领域的关联设定原则。"关注自我"并不强调个人独处的实践形式。在其社会实践中，主体化形成方式涉及权力与职责的相互联系。它使"自我"在"权力"与"职责"相互交织的社会网络中建构自身，"权力"与"职责"的形式与范围也受到"关注自我"实践的影响。

在"关注自我"的实践中，医学隐喻发挥了重要作用。它与身体、灵魂的病痛紧密联系。医学隐喻中"身体"与"灵魂"的关系为我们理解"关注自我"实践提供了明确了线索。它的实践之所以与性活动相关联，内在原因在于它是与身体与灵魂的互动相联系的。它的实践试图在"调整身体"的过程中改进灵魂和确立灵魂的地位，试图在与身体的相互联系中超越身体。性活动与快感实践也因此通过"身体"的中介关系而进入它的视域之中，成为它的实践技术所指向的实践领域。

"关注自我"由于其指向"自我"作为主体化形式的建构，因而具有"个人"的特征。同时，由于其实践需要在"权力"与"职责"的社会网络中得以进行，它因而具有"社会"的属性。"认识自我"是"关注自我"为功能指向而得以发展起来的实践形式。"关注自我"成为先行于"认识自我"的目的本身，后者在不同的实践形式中得到发展。

　　"自我教化"使实践形式转向"自我"本身，"自我"成为一切自我实践的最终指向。"自我教化"导向一种"自制伦理"，这种"自制伦理"又与"自我愉悦"相伴随。"关注自我"实践通向对自我的愉悦接纳，自我在此呈现为"一种没有任何身心困扰形式的状态"①。

　　新的实践环境为快感道德反思赋予了新的形态，也是主体生活风格化形式呈现不同的特征。"自我教化"使性道德的艺术形态发生了转变，快感主体不再是通过自我与其自身的联系而赋予快感实践以有效性范围以及界限，快感主体在此是通过对"普遍原则"的接纳而实现"自我教化"的实践目标。"自我艺术"成为体现普遍原则的生活艺术，"生存美学"演变为在通向普遍原则的美学理想，但"自我"的中心地位仍然是得到保证的。

　　婚姻实践与政治实践的变化为"自我教化"发展及其对快感实践的影响做出了说明，但前者并不能对"自我教化"做出因果诠释，而是将"自我教化"解释为对特定历史背景因素所做出的回应。"自我教化"是特定历史背景下的生存风格的体现，是"生存美学"在具体历史条件下的再次呈现。

　　婚姻实践在罗马时期逐步发生了变化。罗马时期的婚姻实践使婚姻关系纳入公共权力的管理领域，并借由公共权力而得以保证，这使婚姻作为私人领域而与公共领域相互融合。婚姻实践在公共权力的介入下，成为更加普遍和公开的体制。但同时婚姻制度内部男女双方的独立地位又使婚姻成为私人化的生存方式。婚姻实践的这一变化为我们理解"自我教化"提供了背景参照。在婚姻实践中私人领域依靠公

---

　　① 福柯.性经验史（增订版）（M），佘碧平译.1 版.上海：世纪出版集团、上海人民出版社，2005，347 页。

共领域的介入而得以保证，在自我教化中自我的形成在社会实践中得以可能。婚姻实践成为理解"自我教化"得以出现的关键线索之一。

罗马时期政治实践也发生了明显变化，政治实践摆脱了单一权力中心的政治格局，而向多权力中心的、多领域互动的方向发展。与权力分散化的形式相对应，在政治实践中出现的政治实践转变体现为"对政治活动的质疑"。政治活动的质疑方式以多种形态体现出来。权力关系所构成的网络使个人无法脱离权力关系而获得生存空间，在此基础上，个人生活只能建立在权力网络之上，自我的主体化形式也只有在参与权力关系的实践中才得以可能。罗马时期政治活动与道德行为者之间的关系也发生了转变。政治活动对统治者个人理性的要求，使"教化自我"得以成为与自我关系的必要形式。在"教化自我"的实践过程中，个体理性成为实践培养的对象，"教化自我"在主体形成自身过程中的作用得到显现。

"自我教化"实践使"自我"不仅在传统的自我控制中以"节制"的方式实现对自我主体化的塑造，而是让"自我"服从各种准则并在以准则为生存目的的过程中实现对自我的道德主体塑造。"自我教化"借助于身体、以"健康的实践"形式介入到日常生活，为日常生活提供行为实践的基本框架。

"养生法"在古典时代之后仍然发挥着重要作用。它在"自我教化"的实践背景下逐渐演变为身体与普遍原则之间的联系，快感实践也在新的实践背景中获得了新的内涵。在"自我教化"的背景下，性行为的危险得到了不同的实践诠释。古典时期，快感实践要求合理配置快感行为以达到养生的效果。现在，"自我教化"要求在各种因素中确定有利于人体健康的条件，并以此为目的确定快感实践的形态。

从养生法实践的总体而言，养生法追求身体—灵魂的相互协调。

身体被视为必须遵循普遍原则的有待塑造的对象，灵魂则被视为应服从身体需要而不对身体起误导作用的对象。身体与养生法通向了与自我相联系的"自我艺术"，"自我"在健康实践过程中得以被塑造。养生法使"教化自我"实践所要求的自我与普遍原则的联系成为可能，"自我教化"实践的这一要求在罗马时期的家政关系中同样得到体现。

罗马时期的婚姻实践出现了与古希腊时期不同的特征，尽管这一实践变化是逐步显现的。婚姻实践在"自我教化"的背景下展现了生活艺术与快感美学。不同于古典时期的家政管理，罗马时期的生活艺术体现为夫妻双方的关系艺术以及双方共享的快感美学，"自我"在双方关系的基础上实现道德主体的建构。在婚姻实践中，"关注自我"实践强调将婚姻当作"反思的形式"与"特殊的风格"。婚姻关系在夫妻关系的艺术中成就自我。妻子在婚姻关系中不应被当作家政管理的对象，妻子应被视为与自我具有同等地位的他者而存在。与此同时，婚姻实践并不把妻子当作独立于自我的他者，妻子被视为与自我相互联系的"统一体"。夫妻关系艺术作为特殊的"自我艺术"形式，其特殊性就源于这种自我与妻子之间既相互独立又相互联系的实践形式。自我与妻子作为同样的主体形式遵循同样的主体化法则，但夫妻双方在相互关系中互相成就。夫妻关系艺术形成了特殊的生存风格，自我在夫妻关系艺术中展现了特定的生活艺术与自我实践。

婚姻实践把性活动限制在婚姻的界限之内，以此使自我成就道德主体。丈夫与妻子在婚姻中以对等的忠诚将各自塑造成为道德主体。婚姻成为"爱情纽带"和"尊重关系"，在婚姻实践领域中丈夫的外遇不能为其优越性所保证。妻子可以用宽容对待丈夫的外遇，这是妻子"荣誉"的体现和"爱情"的证明。婚姻实践以性活动垄断和独占的形态实现对丈夫与妻子双方道德主体地位的塑造。在这一过程中，主体生活风格化得以呈现，"自我艺术"得到进一步显现。

垄断与独占使性活动出现"配偶化"的趋势，并使婚外性行为失去道德合理性的地位。同时，婚姻实践使快感享用与享乐目的本身区分开来，这使性活动本身作为快感实践的载体的重要性受到限制。共享快感使快感实践逐步脱离了原始的欲望范畴，而指向两情相悦的艺术境界。共享快感使婚姻在情感的展现中呈现婚姻的艺术形态，在婚姻普遍性的原则之上塑造个体个性化的生存方式。

男童在"自我教化"的实践背景下具有不同的文化地位与反思价值。男童逐渐丧失了自身的合法性以及对一种生存风格论的代表作用，尽管这一主题在哲学反思传统中仍然占据一定的位置。男童之爱缺乏夫妻之爱的内在稳定性，从求爱者与被爱者的地位而言，两者不是对等关系。从互动关系而言，男童之爱缺乏主动性而呈现被动性的特征。从年龄而言，男童在年龄上是不对称的和阶段性的，因而具有脆弱性的特征。由于男童之爱难以作为普遍原则为自我的主体化建构提供准则，因此当我们试图以一元论的方式建构性爱论时，男童之爱很难再有自身存在的依据。对男童的否定性反思导向了对童贞肯定性价值的彰显，童贞与婚姻被视为男女双方身体与精神双重意义的显现。在童贞的守护与婚姻实践中，男女双方展现自我艺术与生存美学，性爱论呈现为特定生活方式风格的显现机制。童贞与婚姻形成了自我与真理、自我与其自身独特的联系过程。在这一联系过程中，男女双方共同成就其自身的道德主体地位。

"自我教化"使"自我"在生存艺术中建构自身的主体化地位，使"自我"在普遍原则之下成就自身的生存风格，使"自我"在与他人的普遍联系中展现自身的存在价值。"自我教化"是生存美学的实践，"自我"在审美体验的艺术世界中成就自身。

5.4　生存美学与自我技术：自我技术的语用学分析

5.4.1　自我书写："写作"的语用学分析

"自我技术"与"知识"密切联系，知识的考察方式则与"真理游戏"（truth games）相联系。知识的产生应遵循特定的"游戏"规则，其目的则在于产生"真理"。"真理游戏"揭示了知识生产的特征与目的。知识生产作为"真理游戏"之所以必要，原因在于人类需要理解自身。当人类试图获取对自身的理解时，需要借助于特定的技术，而这些技术只有使自身以"真理"形态显现时才能确立自身的合理性。正源于此，"真理游戏"才与人类理解自身的技术相关。

人类理解自身相关的技术形式有四种："生产技术"、"符号系统技术"、"权力技术"和"自我技术"[1]。四种技术形式并不是完全孤立的，但这四种权力形式的侧重点并不相同。"生产技术"与"符号系统技术"主要体现在科学领域和语言学领域，"权力技术"和"自我技术"则体现在政治伦理领域。

"权力技术"与"自我技术"统一于"真理游戏"之中，两者共同体现在塑造主体的过程之中。两者的差异在于前者指向主体的客体化，使主体形式符合外在规范的要求，其体现的是统治关系；后者指向主体的主体化，使主体在自我艺术的实践中成就自我主体性的地位，其体现的是生存意义。"自我艺术"与"生存美学"指引"自我技术"，使自我把握自身的生存意义，体验自身的生活风格。

---

① Foucault Michel, translated by Robert Hurley and others（1997），Ethics: Subjectivity and Truth, The New Press: New York.，224.

在"关注自我"的文化背景中，"写作"作为"自我训练"形式对于自我主体化具有重要意义。"写作"对自我经验的开显具有重要意义，使内省在外显的形式之下不断得以细化，使自我不断警醒自身以成就自身的主体性，使生活、情感与阅读的细微差异得到表现。正是由于写作，被遮蔽的经验领域得到重新彰显，自我在新的经验形态中得以建构自身。

"自我写作"并不是唯一的"自我艺术"实践形式，也不是最早在文献中出现的"自我艺术"实践形式。但"自我写作"是具有重要参照价值的"自我艺术"实践形式。"写作"使阅读、反省等内在化的主体实践形式在外在化的形式中得以显现，使"自我艺术"获得了外在的表现形式。"自我写作"形成了与内在沉思的互动。在"写作"与"沉思"的互动中，"自我艺术"得以展现。

"自我写作"可以有不同的形式，"杂记"就是其中的重要形式。不同形式的"杂记"都可以成为个人自我实践的参考依据，它们构成了自我实践的重要参考资料。"杂记"不仅自身是自我实践的重要参考，而且是通向进一步"自我写作"实践以构建自我主体性的原始材料。"自我写作"还可以通过让个体撰写论文为自我行为提供合理性的论证。通过合理性的论证，个体能够明确自身存在弱点的本质所在及其克服途径，或者个体可以在论证中确定自身处于不利处境的原因及其解决途径。"杂记"既是直接的生活指南，也是进一步写作的珍贵素材。

"杂记"并不寻求达到任何神秘的结果，而是试图在理解现实的基础上形成自我。"杂记"所代表的自我实践告诉我们，对于自我的形成而言，我们不是知道的太少。我们是对已知的事物缺乏整理，是对已知的事物缺乏理解。我们不是要为自我的形成创建全新的基础，实际上我们也无法为我们所营造的全新基础确立根据。我们只能在历史与传统中把握自身，"杂记"与"论文"写作为我们理解历史与传统提供了实践形式，并使我们能在此基础上形成"自我"。

"杂记"可以作为"自我写作"的实践形式，"通信"也是"自我写作"的实践形式。"通信"作为"自我书写"的另一实践形态，具有不同于"杂记"的特征。通信实践使个人在"自我写作"过程中显现自身得以可能，并在显现自身的过程中形成自己的目标。信件使"灵魂的客观化"成为可能，使通信者在我们心中处于"内在神"的位置。它使我们自身处于向他人和自我的不断显现之中。在自我和他人的注视中，我们的灵魂不再是栖居于内心的幽灵，而是处于注视之中的"对象"。信件使灵魂的客观化和对象化成为可能，并在塑造灵魂的过程中引导自我形成。

"通信"实践与"日常生活"相联系指向特殊的"自我写作"目标。当个人将个人生活置于自我以及他者注视的目光之下时，自我的良心将会在自我和他人的目光之下得到检验。"回顾一天"的实践并不是要在一天中发现特殊的意义，而是强调在日常生活中、在每时每刻关注自身。"自我"在日常生活中逐步走向自身的形成，生活在平淡之中彰显意义。"通信"实践使自我形成在与他者的互动中得以可能，使灵魂—身体的交流得以呈现。当我们能将自身每一天的生活置于自我和他人的审视之下时，自我主体性地位以及灵魂客观性表现将成为可能。

"自我技术"以及"自我写作"共同指向了自我主体性的构建。在自我主体性建构过程中，"自我写作"发挥了重要作用。"杂记"使自我在面向自身的过程中建构自我主体性，"通信"则使自我主体性在与他者的交流中成就自身。"自我写作"使"生存美学"在实践

形态成为可能，使自我在与他人的共在中展现"自为存在"的生存
维度。

5.4.2 自我治理："真实的生活"的语用学分析

自我主体化实践不仅表现在"自我书写"方面，也体现在对"自
我治理"方面。"自我治理"奠基于对"真实的生活"（true life）的
理解。正是在对"真实的生活"的理解与实践基础上，"自我"才能
获得对自身的认同和对生活方式的确定。我们应如何理解"真实的生
活"呢？"真实的生活"的理解植根于对"真"（true）的诠释，在古
希腊历史语境中"真"具有四重意义。当我们从"真"的不同意义来
理解"真实的生活"时，"真实的生活"也相应呈现不同的价值内涵。

"当我们将"真"理解为"非遮蔽"或"无蔽"时，"真正的生
活"意味着"不会隐藏任何部分的生活"[1]。"真实的生活"在"非遮
蔽"的意义指向下，要求"自我"将自身的生存方式呈现于他人的目
光之中，在完全透明的条件下建构自我。在"真实的生活"中，我们
不需要隐藏任何目的与意图，我们不能够欺骗他人与自我，这是通向
自我治理的必然要求。

当我们将"真"理解为"非合成"时，"真正的生活"意味着
"没有被善与恶、快乐与痛苦、恶行与美德相混淆的生活"[2]。"真实的

---

[1] Foucault Michel, translated by Robert Hurley and others（1997）, Ethics:
Subjectivity and Truth, The New Press: New York., 221.

[2] Foucault Michel, translated by Robert Hurley and others（1997）, Ethics:
Subjectivity and Truth, The New Press: New York, 222.

生活"不能被斑驳的色彩所扰动。我们只应关注"生活"自身，我们所具有的欲望、嗜好与冲动都会阻碍我们坚持"真实的生活"。只有当我们理解什么才是"生活"所指向的意义内涵，我们才能理解什么是真实的自我。

与"真"所具有的"直接"的意义相对应，"真实的生活"代表着"与原则、规则、规范相一致的生活"①。"真实的生活"并不是任意选择的生活方式，"真实的生活"是与原则与规范相联系的。自我是在"真实的生活"中塑造自我，在原则与规范中实现自身。原则与规范的确同时也是"自我"必须克服的对象，但"自我"只有在原则与规范之中实现对原则与规范的克服，正如我们只能在生活中学会去如何生活。与"真"所具有的"非变化"的意义相对应，"真实的生活"指向具有恒定意义的生活，"真实的生活在排除变化的过程中维系对自身存在的认同"②。在"真实的生活"中，自我达到对自身的认同，并使自身在永恒中成就价值。

当我们选择"真实的生活"时，我们需要具备"真理的勇气"（the courage of truth）。"真理的勇气"是古典哲学的重要主题，但在现代社会却失去了应有的意义与作用。"真理的勇气"在不同历史阶段体现为三种不同形式。在这三种形式中，对"真实的生活"的追求在自我塑造自身的生命体验活动中得以实现。

"真理的勇气"可以在被称之为"政治魄力"（political boldness）

---

① Foucault Michel, translated by Robert Hurley and others（1997）, Ethics: Subjectivity and Truth, The New Press: New York, 223.

② Foucault Michel, translated by Robert Hurley and others（1997）, Ethics: Subjectivity and Truth, The New Press: New York, 225.

的实践形式中得以展现。在"政治魄力"的实践形式中，政治参与者以生命为代价承受追求真理的风险，这体现了为实现"真正的生活"所具备的"真理的勇气"。"真理的勇气"意味着勇于承担风险，在追求"真理"的过程中展现自身生存的意义与价值，即使为此而付出生命的代价也在所不息。"政治魄力"是在古希腊历史背景下得以展现的"真理的勇气"的实践方式，自我在此实践方式中以在政治活动中承担风险的方式成就自我，实现"自我治理"并因而实现"生存美学"所指向的"自我主体化"过程。

"真理的勇气"也体现在"苏格拉底式的反讽"（Socratic irony）的实践形式之中。在"苏格拉底式的反讽"中，个体在教化民众的过程中勇于承受民众的愤怒与怀恨，引导民众关注自身的自我、灵魂与真理，使个体价值在启迪民众的过程中得以展现。"苏格拉底式的反讽"也直接通向"自我主体化"过程，个体在这一过程中治理自我、实现"生存美学"所指向的实践目标。

"苏格拉底式的反讽"与"政治魄力"同样意味着以承担风险的形式实现对"真实的生活"的追求，但两者之间存在着差异。"政治魄力"强调为追求个人的"真实的生活"而在政治活动中承担风险、坚持真理。"苏格拉底式反讽"则强调为实现共同的"真实的生活"而以引入真理的方式实现对民众的引领。当从"关注自我"的视域加以反思时，"政治魄力"体现了个人关注自我时所体现的"真理的勇气"，"苏格拉底式反讽"则体现了在引领民众关注自我时所具备的"真理的勇气"。

"犬儒诽谤"（Cynic scandal）是继"政治勇敢"和"苏格拉底式反讽"之后的"真理的勇气"的实践形式。群体生活于特定的价值观念之中并依靠特定的价值观念确定自身的生命价值与人生意义。"犬儒诽谤"指向对于对价值的反思与拒绝，在展现群体价值观与生活方式的过程中，促使对流俗意义的价值观念实现否定，以不断推动对"真理"的追求。当群体的价值观遭遇否定，当以群体价值观指引的生活方式受到质疑，社会群体会产生抵触，这使实施"犬儒诽谤"的实践者承受风险，甚至付出生命的代价。

"真理的勇气"所具备的不同实践形式使"真实的生活"在不同的真理之游戏中得以可能。"自我治理"也在不同的真理之游戏中成为可能。"自我治理"不是建构抽象的自我主体，而是在实践"真理的勇气"中所实现的主体化过程。我们无法在当代重复前人已有的实践形式，但前人已有的"自我治理"方式却给予我们以道路引领，使我们可以开辟"自我治理"新的实践形式。"真理的勇气"指引我们去探寻"真实的生活"所指引的实践方向，彰显现代背景下具有明显"意识突显性"的实践形式。"自我治理"在"真实的生活"中实现主体化过程，"真理的勇气"使"自我"在与"真理"的不同意义联系中成就自身。

5.5 福柯与米德：自我主体化与社会自我的比较

5.5.1 《心灵、自我与社会》：米德论自我

福柯将"自我"与"自我主体化"相联系，米德[①]则把"自我"

---

① 米德（1863—1931），美国社会学家、社会心理学家及哲学家，符号互动论奠基人。

与"社会"联系。米德的"自我"理论为我们理解理解福柯的"自我主体化"思想提供了有益的参照。当米德探讨"自我"时，他把"自我"与"社会"相联系，"自我……是在社会经验与活动的过程中产生的"①。"自我"需要被置于"自我"所处的社会过程中加以理解，它脱离社会过程将使自身成为不可理解的空洞概念。由于处于社会过程之中，"自我"也相应处于与其他个体的联系之中。当我们探讨"自我"时，我们也就相应预设了其他个体的存在，"自我"只有在与其他个体的相互关系中才能获得自身存在的社会基础。

我们可以把"自我"与身体以及其他对象区分开来，这是因为"自我"具有其他对象所不具备的一个重要特征。"自我"可以从整体上把握对自身的经验，而身体或其他对象则不能，身体和其他对象无法从整体上形成对其自身的经验。但这并不意味着"自我"参与到所有经验之中，"自我"能够对所有经验形态有所认识，尽管"自我"可以并不涉及其中，而包括有机体在内的其他对象则无法将自身作为其对象。

个体只能以"间接"方式经验到自我，这种"间接"方式由其他成员或社会群体的存在成为可能。在个体经验到"自我"的过程中，"交流"过程非常重要。"自我"是在"交流"过程中被引入的行为组成部分，它建立在个体与他者所进行的表意符号交流之中，这是我们理解"自我"的关键所在。"自我"的结构性是与社会过程的结构性相一致的，社会群体的组织与统一同时也就决定了在这一社会群体中任何一个"自我"的组织与统一。"自我"在参与社会过程活动中，

①　米德.心灵、自我与社会（M），赵月瑟译.1版.上海：上海译文出版社，2008，121页。

展现出构成自身的不同基本"自我"。不同基本"自我"之间并不是毫无联系而分别孤立存在，而是形成了统一的"自我"结构。基本"自我"的结构化在社会过程中的结构化中得以可能。

"自我"的形成不能脱离社会群体，社会群体以"泛化的他人"的形态使"自我"的形成得以可能。正是借助于"泛化的他人"，"自我"的统一性才得以可能。"自我"与"泛化的他人"之间存在着互动关系，在"互动"中"自我"与"泛化的他人"相互界定。它在与"泛化的他人"的相互交流与互动中形成自身。有组织的人类社会之所以可能，原因恰恰在于社会中的每一个"自我"能够在与"泛化的他人"的相互交流中吸收一般态度并以此指导自身行为。

"自我"与社会过程之间的关系是双向的。一方面"自我"在社会过程中、在社会群体范围内得以产生，自我是社会组织的"基本成分"。另一方面，"自我"并不是社会组织固定不变的基本单元，"自我"在社会过程中和社会组织中进一步发展和完善。"自我"是社会组织的基础，又在社会组织中不断发展和完善。我们不能把"自我"抽象为独立的和固定的个体，而应把"自我"理解为处于群体和社会组织之中、但又同时是群体和社会组织基础的有机形式。

"自我"是以"自我意识"的形式而被认知的，从认知领域而言，"自我"就是"自我意识"。"自我意识"之所以能够形成，根源在于将社会会话内在化。"自我意识"是在社会交流过程中得以可能的，因此"自我意识"呈现出社会性的特征。"自我"在认知领域获得其存在根据，以思维形态展现会话与交流过程。思维的起源与基础源于社会过程，"自我"作为"自我意识"具有思维的特征。"自我"与"自我意识"从起源与基础而言，具有社会的属性。这再次提醒我们，"自我"是不能脱离社会过程而被认识的，其在本质上属于认识领域。

米德从行动的视域出发，揭示了"主我"（I）与"客我"（me）相互区别的社会意义。"客我"是"自我"在参与社会行动过程中对于他人态度的整合与采用，借助于此"自我"才能与他人交流并协调与他人的行动。"主我"是"自我"对作为他人态度的"客我"的认知。"主我"与"客我"共同构成了"自我"。"自我"中"主我"与"客我"的联系，是我们理解自我具有使其自身成为对象的特征的关键所在。

"主我"与"客我"始终是有区别的，而不是同一的。"主我"与"客我"又相互联系于"自我"之中，构成了"自我"不可分割的两个方面。脱离开"主我"，"自我"就只是他人的傀儡和影子，失去了对自身的反思能力。脱离开"客我"，"自我"就只具有形而上学的抽象可能性，而与社会过程失去联系，最终使"自我"丧失了在认知领域存在的根据。"自我"始终是"主我"与"客我"的相互统一。

"自我"中"主我"与"客我"的作用形式的不同导致了个体与社会之间存在着不同的联系路径。"主我"为个体以"自我意识"形式改变社会提供了途径，"客我"则使个体在采用他人态度的过程中参与社会过程。"主我"与"客我"均不能脱离社会环境而获得认识。不同的社会环境也为个体的独特性赋予了不同的空间，在此空间中"自我"能够得到充分展现。"自我"的表现以"客我"的形式为主要形态，"主我"则处于次要的位置，甚至于缺乏明确的认识地位。文明社会为"主我"的表现开辟了空间，使"自我"得以在社会环境中展现的同时对社会环境加以改变，个体的独特性在"自我"对社会的改变中得以呈现。

"自我"是个体"心灵"与社会环境共同构成的认知形态，它与社会环境之间的关系指向了"社会自我理论"。"个人主义自我理论"

与"社会自我理论"，两者的主要差异在于对"心灵"与"社会"之间的相互关系具有不同的解释路径。米德坚持了"社会自我理论"，对"个人主义自我理论"进行了理论批判，为我们理解"自我"提供了有益的借鉴。

5.5.2　福柯与米德："自我主体化"与"社会自我"的比较

米德所坚持的"社会自我理论"与福柯在"生存美学"意义上所指向的"自我艺术"具有根本性的差异。虽然米德与福柯都把"自我"作为理论探讨的核心问题，都在某种意义上强调社会实践的重要意义。当我们把米德与福柯关于"自我"的论述加以比较时，我们可以更加清晰地理解福柯"自我艺术"与"生存美学"的理论意蕴。米德的"社会自我理论"能够为我们理解福柯提供重要的理论参照，我们并不需要在福柯与米德之间做出优劣判断，我们只需要在呈现两者差异的过程中更好地理解两种理论不同的理论意旨。

从米德的立场而言，"自我"的产生是在社会过程中得以可能的，它无法在社会过程之外建构自身。米德的"社会自我"理论排除了"个人主义自我理论"的可能性，"自我"并不是"心灵"的"禀赋"，而是社会过程的产物。"自我"分别以"主我"和"客我"的形式在社会过程中显现自身，"主我"以自我意识的形式改变社会进程，"客我"则以参与他人态度的方式参与社会进程。无论是"主我"还是"客我"，都无法脱离社会过程而获得独立的存在地位。"自我"与"社会"之间的相互契合是米德"社会自我理论"的显著特征。

"社会自我"指向了"自我"存在所赖以依存的社会环境。"自我"可以感知自身为独立存在的个体，但这种个体感知不能脱离社会环境。社会环境提供了"自我"感知自身所需要的参照体系，脱离开社会环境，"自我"将陷入空洞的概念之中。"社会自我"所展现的"自我"生存所具有的"社会"维度，对于"认识自我"与"建构自我"而言，具有重要意义。"认识自我"并不是孤立的个体反思所能实现的，"自我"只有在与社会以及他者的联系中才能确定自身的意义与价值。"社会自我"以自我认知为线索，彰显了"自我"的生存意义得以被认识的社会前提。

对于"建构自我"而言，"社会自我"也提供了有益的启示。"自我建构"需要在"认识自我"的基础上得以实现，"自我"只有在明确自身意义的基础上才能建构自身。"自我"之为"自我"并不是单纯存在，然后寻找附加于自身的意义。它以追寻意义的方式建构自身。"建构自我"同样需要在社会环境之中，在与"认识自我"的相互联系中得以实现。

"社会自我"所指向的"自我建构"体现了以认识论为导向的建构自我过程，"自我"在自我认识的基础上实现了自身建构。从这一意义而言，"社会自我"的建构其实也恰恰就是认识主体的建构。认识得以可能的前提条件，也同样就是"社会自我"得以可能的前提条件。"社会自我"与"认识主体"在社会环境中具有同等的地位与功能，这或许就是米德的"社会自我"理论所具有的内在意义。只有在"认识主体"的意义上，我们才能更加清晰地理解"社会自我"所具有的意义所在。

与米德相比，福柯对于"自我"的理解建立在"存在论"的基础之上，尽管他并没有以"存在论"的术语讨论"自我"问题。福柯将对"自我"的关注建立在对"主体"消解的基础之上，他在在此之前的研究阶段已经通过对"理性"、"科学"和"权力"的分析，否定了"理性主体"、"科学主体"和"权力主体"作为"自在存在"的可能性。从这一意义而言，福柯对"自我"的理解，与米德的"社会自我"相比，具有不同的思想根基。他不会承认在米德的"社会自我"思想中所蕴含的"自我"作为"认识主体"而存在的可能性与必要性。对于福柯而言，"社会自我"恰恰是"自我"走向"自我主体化"过程中必须克服的对象。"社会自我"有其存在的意义，但它的存在意义恰恰体现在其自身终将被克服的过程之中。

　　不同于"社会自我"的认识论导向，"自我主体化"开启了"自我艺术"的美学进程。"自我"不能在科学基础上和认识论导向中获取自身的存在基础，它应在艺术的体验中成就自身。福柯的"自我艺术"思想延续了席勒、尼采、海德格尔等思想家对艺术与人的本质所进行的反思与追问，并将"自我"与"艺术"相互联系起来，进一步彰显了"艺术"对"自我建构"所具有的重要指导意义。在现代世界中，"艺术"往往以世俗的形态仅仅反映人类自身的沉沦，或者将自身限定于职业人群之中，从而使自身脱离了与生活实践的应有联系。"生存美学"的意义由此也体现为唤醒人类自身沉睡的艺术理想，使人们认识到人自身也可以在"艺术品"的形式中、在"美"的生活中塑造自身。

　　"生存美学"让我们得以重新反思自身的价值选择，但反思自身和否定自我是伴随痛苦的过程，对于多数人而言这一过程并不是容易接受的。这可以使我们理解为什么福柯的"生存美学"往往不容易被人接受并不断受到误解的原因所在。"生存美学"的实践需要"真理的勇气"，福柯以自身对于人的生存所应体现的艺术理想的思考诠释了"真理的勇气"。这进一步彰显了伦理思想所应具有的本质特征，伦理思想不应仅仅停留在抽象分析，而是要体现在实践层面。"生存美学"所指引的恰恰是根本生活方式的选择问题，在这一过程中"自我"在实践基础上成就自身。

福柯关于"自我艺术"的探讨将"自我"置于"关注自我"的整体视域中加以讨论。在他看来，"自我"不是一个纯粹的主体概念，而是一个"主体化"过程。"自我"的"主体化"在"关注自我"中得以可能，在"生存美学"中得以实现。它在以"美"为指向的生活方式选择中成就自身，在展现人作为"艺术品"的内涵中成就自身。"艺术品"将"真理"纳入之中，并创建世界。人选择作为"艺术品"的生存方式也同样意味着将自身置于与"真理"的联系之中。"真理"不是等待人发现的客观对象，而是在人的存在中显现自身。人作为"艺术品"的生存方式，使真理所具有的"非变化"意义得以显现。在"生存美学"所指引的生活方式下，"自我"在"自我主体化"过程中面向永恒，"真理"的"非变化"意义以永恒形式呈现于"人的存在"之中。

"自我艺术"是源于社会但又超越社会的。"社会"对于"自我艺术"的意义在于其显现了他者的存在。"他者"是"自我"实现"主体化"必须超越的对象，但"他者"又是"自我"成就"主体化"所必需的。"自我"与"他者"的内在联系是由人的存在境况所决定的。人与他者"共在"，同时人"自为存在"。人不能"自在存在"，人只能在"共在"中实现"自为存在"。人的存在状况决定了"自我"与以"社会"形态所体现的他者之间的内在关系。福柯"自我艺术"所揭示的"自我"主体化过程展现了"自我"与"社会"之间相互联系又相互区别的复杂关系，"自我"对于"社会"的超越性是福柯"自我艺术"的重要特征。

"自我"与"社会"之间的区别与联系是我们理解福柯与米德

"自我"理论之间差异的关键所在。同时，福柯与米德关于"自我"所确定的分析视域也具有明显不同。米德是在科学视域之中展现"自我"的意义，在他的"自我"理论中，"自我"是作为认识主体而进入分析的视域。福柯则在艺术视域中展现"自我"的意义，在其"自我"思想中，"自我"在"生存美学"中以"艺术品"的方式展现自身。"科学"与"艺术"的不同，成为福柯与米德指向不同"自我"意义的根源所在。我们不要在"科学"与"艺术"之间做出孰是孰非的判断，我们也不需要在福柯与米德之间做出对与错的衡量。我们可以确定的是，"自我"问题是可以从不同视域加以考察的。福柯关于"自我艺术"的探讨对于打破科学话语所具有的独断地位，具备重要的参考价值。

5.6 艺术视域中的人、真理与自由：通过审美而可能的自由

福柯政治伦理思想的演变经历了不同阶段，在通向最终的"生存美学"阶段的过程中，其思想经历了对"理性"的消解、对"科学"的解构和对"权力"的重塑，实现了消除政治伦理思想的理性诉求、打破政治伦理思想的科学话语和重建政治伦理思想的权力根基的目标。在其思想的最后阶段，福柯转向了对于政治伦理目标的正面建构。"艺术"成为其建构政治伦理目标的思想指引，"生存美学"代表了其政治伦理的正面诉求。

"生存美学"所指向的伦理诉求融合了福柯政治伦理思想先前所包含的"科学"与"权力"主线，权力—知识关系所代表的社会关系

成为"生存美学"所指引的"自我主体化"由之出发以超越自身的基础。在"生存美学"中，"科学"、"权力"与"伦理"再次结合在一起，但三者之间并不处于同等地位。"伦理"在三条主线中居于主导地位，"科学"与"权力"主线则结合为权力—知识关系成为实现"伦理"目标必须超越的对象。

《性经验史》中对于伦理问题的分析，以"生存美学"为总体指向，以"自我教化"为实现形式，为我们勾勒了伦理与审美的内在关联。福柯的"生存美学"思想将尼采的论断在"自我艺术"的形态下加以展现，即"唯有作为审美现象，此在与世界才是永远合理的"[①]。伦理与美学的内在关联在福柯的伦理思想中以"生存美学"和"自我教化"之间的历史联系加以展现。"生存美学"和"自我教化"则是以对人自身的特定理解为前提，即人自身呈现为作为"艺术品"的存在者特征。

"艺术品"作为存在者的特定形态，具有双重对象的属性：一方面艺术品是艺术家的审美对象，它产生于艺术创造的过程中；另一方面艺术品是读者、观众的审美对象，它产生于审美欣赏的过程。"艺术品"存在于与创作者和欣赏者的内在联系之中，"创作者要求欣赏者接受作品；反过来，欣赏者与创作者沟通，并以某种方式参与创作者的行为"[②]。"艺术品"既不能脱离艺术创造过程而成就自身，也无法独立于审美欣赏过程而显现自身。

"艺术品"为我们理解人的存在提供了关键线索，"人的存在"在

---

① 尼采.悲剧的诞生（M），孙周兴译.1版.北京：商务印书馆，2012，48页。

② 杜夫海纳.审美经验现象学（M），韩树站译.1版.北京：文化艺术出版社，1996，3页。

创造意义的过程中展现"自为存在"的存在维度，以审美过程展现"为他存在"的存在维度。"自为存在"与"为他存在"并不是互相独立的两个阶段，而是相互联系的统一整体，但两者的地位也不是完全对等。"人的存在"以"自为存在"为价值指向，以"为他存在"为实现路径，这是"生存美学"意义上"艺术品"所带给我们的对人的存在意义的解读。"生存美学"将自身奠基于"人的存在"的基础之上，"自我"的主体化过程实现于以"为他存在"为基础向"自为存在"的超越。"生存美学"使伦理意义植根于"人的存在"之中，"伦理"与"美学"的关联在"人的存在"中展现"自由"的内涵。

"艺术品"与"真理"之间存在着密切联系，其将"真理"纳入自身，这是"艺术品"区别于物的典型特征。在"艺术品"中，"真理"以"无遮蔽"的意义形式体现"无变化"的意义内涵。"真理"在"艺术品"中显现自身，同时"真理"彰显永恒价值，即"无变化"的意义特征。"艺术品"的价值体现，并不仅仅在于为特定的时代显现"真理"的意义，而是表现为在所有时代中都具有彰显"真理"的本质特征。"艺术品"以其跨越产生年代而具有彰显"真理"的特性，显现了"真理"所具有的"非变化"或"永恒"意义。

"艺术品"与"真理"之间的内在联系，使以"生存美学"为伦理追求的人也具有了与"真理"更加密切的关联。"真理"所具有的"非变化"意义，在人以"艺术品"为指向的生存方式中得以显现。"艺术品"以"物"的形态跨越年代而彰显真理，人以有死之身去追求永恒，在"生存美学"所指引的意义形态下"真理"所具有的"非变化"特征在"人的存在"中得到显现。"人的存在"所具有的"自为存在"的生存维度，与"真理"在"生存美学"中得到统一。

"自由"作为"让存在者存在"，在"人的存在"所展现的"自为存在"的维度中彰显"真理"所具有的"非变化"意义。人作为"艺术品"所具有的生存特征，为"自由"确定了意义实现的生存境况。"自由"也使人在自我主体化过程中与"真理"的关联得以显现。福柯在《性经验史》中所刻画的"养生学"与"身体"、"家政学"与"女人"、"性爱论"与"男童们"均构成了"自我"在生存中所体现的"为他存在"的生存维度，这体现了人作为"艺术品"所具有的与欣赏者相关联的审美维度，"自由"在此形成自身的生存境遇。"自由"在"生存美学"背景下具体化为"让自我存在"，"自我"在实现自身的存在过程中，实现对"真实的生活"的追求，"自我"对"真实的生活"的选择呈现了"艺术品"的创作过程。"自由"在"生存美学"中"让自我存在"，"自我"在"生存美学"意义上与"真理"相联系。

"自我"在"自我艺术"中实现自身的主体化，体现"生存美学"的意义指向。福柯所强调的"自我艺术"在"自我写作"与"自我治理"中得到明显体现。"自我写作"使"自我"在写作过程中、在与他者的交流中完成对于生活方式的选择和自身主体化的塑造。"自我治理"使"自我"在置身于"真理的勇气"的实践形式中实现对"真实的生活"的追求。"自我写作"与"自我治理"展现了"自我"与"真理"的意义联系。"自由"在"让自我存在"中呈现"真理"所具备的"非变化"意义，成就真实的"自我"。

第6章　结论、思想评价与研究展望

哲学让思想成为回家的路；哲学让精神照亮生活的美；真理与自由为人带来向上飞翔的羽翼，使人在艺术世界与审美王国中亲证永恒。

——自我感悟

6.1　本书结论

自由是真理之本质在人的存在中的显现；这是福柯政治伦理思想的总体意义。福柯在人的存在之中、以真理的本质为核心线索对自由进行分析与刻画。在福柯政治伦理思想中，人的存在可以在四个维度中加以刻画，即"在历史中存在"（being-in-history）、"在世界中存在"（being-in-the-world）、"为他存在"（being-for-others）和"自为存在"（being-for-itself）。与人的存在方式相联系，真理的本质在真理的四种意义中得到展现；真理的四种意义具体体现为"非遮蔽"（unconcealed）、"非合成"（unalloyed）、"直接/非间接"（straight）

和"非变化"（unchanging）。福柯以"理性"、"科学"、"权力"和"伦理"为契机，在人存在方式与真理的本质体现之间建构自由的意义指向。福柯政治伦理思想的演变揭示了"自由"与"人的存在"、"真理的本质"所具有的意义关联。

福柯在《古典时代疯狂史》中，以理性为问题契机，揭示了作为"让存在者存在"的"自由"所具备的意义形态。"理性"在"人的存在"所具备的"在历史中存在"的维度中获得自身的根据，它在确定自身意义的历史话语中展现"真理"所具备的"非遮蔽"内涵，并进而彰显"自由"的意义指向。"自由"在"在历史中存在"中呈现"非遮蔽"的意义形态，作为真理之本质的自由使"真理"在与历史的关联中显现意义。

福柯在《词与物——人文科学考古学》中，以科学为问题契机，揭示了作为"让存在者存在"的"自由"所具备的意义形态。"科学"在"人的存在"所具备的"在世界中存在"的维度中获得自身的根据，它的可能性奠基于对世界的不同理解形态之上。"自由"在"在世界中存在"中呈现"非合成"的意义形态；作为真理之本质的自由使"真理"在与世界的关联中显现意义。

福柯在《规训与惩罚——监狱的诞生》中，以权力为问题契机，揭示了作为"让存在者存在"的"自由"所具备的意义形态。"权力"在"人的存在"所具备的"为他存在"的维度中展现自身的具体形式，它的技术形态植根于他者之间所体现的"主体间性"的作用形式。"自由"在"为他存在"中展现"直接／非间接"的意义形态，作为真理之本质的自由使"真理"在与他者的关联中显现意义。

福柯在《性经验史》中，以伦理为问题契机，揭示了作为"让存在者存在"的"自由"所具备的意义形态。"伦理"在"人的存在"

所具有的"自为存在"维度中展现自身"生存美学"的意义形态，"自我"在"自为存在"的艺术形式中关注自身。"自由"在"自为存在"中展现"非变化"的意义形态，作为真理之本质的自由使"真理"在与"自我"的关联中显现意义。

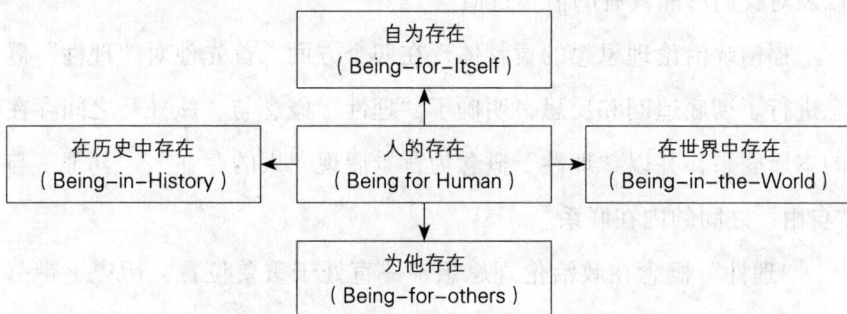

图 6.1　人的存在维度

图 6.2　真理的意义

6.2　福柯政治伦理思想评价

福柯政治伦理思想具有重要的理论价值与实践意义。理解福柯政治伦理思想，需要真正的哲学气质。我们不能把福柯政治伦理思想当作提供教条的思想体系，而要视之为提供思想超越自身目标的有效指引。我们始终需要对其持批判立场，这恰恰是理解真正具有批判精神的思想所必须。不具有批判精神的思想，就无法容纳真正的批判。真正的批判要求我们为思想本身确定前提和划清界限，我们需要把福柯政治伦理思想置于批判的审视之下，借以明确其思想贡献、自身局限以及对我们可能具有的借鉴价值。

福柯政治伦理思想的贡献体现在四个方面。首先他对"理性"概念进行了彻底追问和反思，明确了"理性"概念与"疯狂"之间存在的本质联系，并以"理性"概念为背景展现"人的存在"、"真理"与"自由"之间的内在联系。

"理性"概念在政治伦理思想中一直处于重要位置，历史上带有"乌托邦"色彩的政治体制设计大多数直接或间接诉诸"理性"以谋求自身的合法性，对于道德普遍原则的追求也往往与"理性"要求相伴随。对于政治伦理而言，不管如何看待"理性"的地位与作用，"理性"问题是无法回避的重要问题。福柯在其政治伦理思想中，同样把"理性"问题放在了重要位置。不同于以往的政治伦理思想，他把自身的政治伦理思想奠基于对"理性"的解构之上。在他看来，"理性"并不具有不言自明的权威，它的"自明性"是虚幻的。在对"疯狂史"的探讨中，福柯将"理性"置于"疯狂"的历史叙事之中，借以表明"理性"只有在与"疯狂"相伴随的"科学话语"、"权力话语"和"道德话语"之中才能呈现自身的意义。"理性"并不能成为政治伦理思想所依赖的最终依据，其自身也只有在历史语境之中才能获得确定意义。

福柯以对"理性"的追问为先导，展现了"人的存在"所具有的"在历史中存在"的生存维度。"理性"代表了人试图理解自身意义所拥有的思维方式，其所具有的历史意义则体现了人的思维以及人类自身所固有的"历史性"维度。"历史性"并不意味着人生存于历史所指向的纯粹"事实"之中，而是表明人需要通过历史叙事的方式，在建构历史意义的过程中实现自身的意义叙事。在"历史性"之中，"真理"与"自由"的内在联系得以显现。"真理"在"历史性"中呈现其"无遮蔽"的意义指向，在"历史性"中显现自身。"自由"作为"真理"的本质，在"历史性"中显现其"让存在者存在"的内涵，并使"真理"所具有的"无遮蔽"意义在"历史性"中得以展现。"自由"在"人的存在"所具有的"在历史中存在"的维度中，具体化为"让理性主体存在"，显现了"真理"的"无遮蔽"意义。这是"自由是真理之本质在人的存在中的显现"这一总体论断在福柯政治伦理思想第一阶段中的体现。

其次，他对"科学"与"知识"的性质进行了探寻，否定了"科学"的纯粹性与"知识"的绝对性，并在"科学"与"知识"得以可能的过程中展现"人的存在"、"真理"与"自由"之间的内在联系。

"科学"与"知识"在政治伦理思想中同样占据着重要位置，"政治科学"指引人们将科学方法运用于政治决策过程，"道德知识"则为人们的行为选择提供伦理支撑。"科学"与"知识"所具有的价值往往被视为不容置疑，对"科学"与"知识"的反思几乎被认为导向迷信和无知，尽管"科学"与"知识"可以在不同意义上加以理解。福柯将"科学"与"知识"置于考古学的考察之下，揭示出"科学"与"知识"得以可能的认识前提。"科学"与"知识"只有在特定的对世界的隐喻理解中，才能成就自身的形态。"科学"的纯粹性具有隐喻特征，"知识"的绝对性具有前提预设。"科学"与"知识"同样不能成为政治伦理所诉诸的最终依据，两者只有在对世界的隐喻理解中才能成就其所是。

福柯对于"科学"与"知识"的追问展现了"人的存在"所具有的"在世界中存在"的生存维度。"科学"与"知识"代表了人类自身认识"世界"的思想努力,"科学"的纯粹性与"知识"的绝对性以"世界"的客观性为前提条件。"在世界中存在"恰恰否定了世界作为客观对象的可能性,"世界"只有在"人的存在"中才拥有意义。"真理"在"世界"中展现"非合成"的意义指向,"科学"与"认识"所追求的纯粹真理只有在世界的隐喻理解中才具有现实性。而"自由"作为"让存在者存在",在"隐喻"中实现让"科学主体"存在的目标。这是"自由是真理之本质在人的存在中显现"这一总体论断在福柯政治伦理思想第二阶段中的体现。

第三,他对"权力"的性质与功能进行了追问,颠覆了"权力"应服务和服从于"权利"的一般观点,将"权力关系"建构为与"知识"相联系的技术形态,彰显"权力关系"与个体生存的普遍联系,在"权力关系"中展现"人的存在"、"真理"与"自由"之间的内在联系。

"权力"概念在政治伦理思想中曾经扮演重要角色,但现在逐渐被人们所忽视。福柯以"战争"象征为基础,揭示了"权力关系"所具有的普遍性特征。"权力关系"代表了个体生存的普遍境况,个体在与他者"共在"的同时,也使自身处于"权力关系"之中。"权力关系"与"知识生产"相联系,以实现为自身创造存在的根据。个体生存无法脱离"权力关系"而实现,但个体应始终对"权力关系"保持批判的态度。个体所能享有的"权利"以"权力关系"为基础,但又受到"权力关系"的制约。

福柯对于"权力关系"的追问与反思展现了"人的存在"所具有的"为他存在"的生存维度。"人的存在"始终是与他者的"共在",

通过他者"人的存在"才能呈现自身的意义。"真理"在"为他存在"中展现其所具有的"直接"或"非间接"的意义指向,"直接"的意义指向强调与规范的一致。"人的存在"在"权力关系"所代表的"共在"中实现与规范的一致,进而呈现"真理"所具有的"直接"意义。"自由"作为"让存在者存在",在"象征"中实现让"权力主体"存在的目标。这是"自由是真理之本质在人的存在中显现"这一总体论断在福柯政治伦理思想第三阶段中的体现。

第四,他对"自我"的意义及其可能进行了思考,突破了从认识论角度对"自我"进行理解的一般思路,将"自我"的价值实现建立在"美学"与"艺术"的基础之上,显现"艺术"与个体生存的内在联系,在"生存美学"中彰显"人的存在"、"真理"与"自由"的本质关联。

"自我"概念在政治伦理思想也具有重要位置,但不同思想对于"自我"的理解不同。福柯政治伦理思想以存在论为基础,将"自我"的意义在"生存美学"中加以展现。"自我"以成就"美"的生活为价值目标,在"关注自我"的过程中建构自身。"自我书写"与"自我治理"是"自我"成就自身的实践方式,"自我"的存在论基础与美学指向成为福柯政治伦理思想区别于其他思想的重要特征和独特贡献。

福柯对于"生存美学"的分析展现了"人的存在"所具有的"自为存在"的生存维度。"人的存在"在超越"共在"的过程中实现"自为存在","自为存在"显现了"生存美学"所指向的人作为"艺术品"的生存方式。人以"艺术品"的生存方式与"真理"发生联系,体现"真理"所具有的"非变化"意义。"艺术品"破除自身年代的界限而在一切时代彰显"真理",人以有限生命去寻求体验永恒。

"自由"作为"让存在者存在",在"生存美学"中具体化为让"自我主体化"存在,这是"自由是真理之本质在人的存在中显现"这一总体论断在福柯政治伦理思想第四阶段中的体现。

福柯政治伦理思想具有重要价值,但同时也存在可以进一步追问和反思的问题。这些问题是与其思想贡献密切相关的,具体表现为以下方面:

首先,福柯消解了"理性"的自明性,使"理性"自身失去了存在的根基,但却没有给出"理性"自身合理性的界限,这使"理性"的地位处于悬而未决的状态,也使政治伦理本身的合理性受到冲击。

"理性"作为最终依据的可能性,在福柯政治伦理思想中被彻底消解。但我们并不能由此得到结论,"理性"是完全无用的虚幻概念假设。"理性"自身有其界限,也有其可以发挥作用的领域。划清"理性"的有效性界限,与消解"理性"的根源相比,同样具有重要意义与价值。在福柯政治伦理思想中,对"理性"根源的消除做出了很多努力,但对"理性"界限的确定相对关注不多。"理性"界限的不清晰使"理性"在政治伦理中的地位与作用处于不确定的状态。我们不能将"理性"视为政治伦理建构自身合法性的最终依据,但我们同样不能否认"理性"在政治伦理中具有重要的作用与价值。对"理性"有效性界限的进一步探索与追问,或许可以成为延续福柯思想道路的进一步方向。

其次,他解构了"科学"的纯粹性与"知识"的绝对性,使"科学"与"知识"自身的依据受到质疑,但却没有相应的判断"科学"与"知识"有效性的确定标准,从而使"科学"与"知识"的地位与作用缺乏有效性的保障,也使政治伦理自身的地位受到影响。

"科学"并不是纯粹的客观描述,也是在隐喻话语中具有其认识功能。"知识"也不具备绝对基础，在不同的"认识型"中，"知识"具有不同的内涵意义。但我们不能否认地是，"科学"与"知识"在政治伦理中的确具有其重要参考价值。在其自身的限度之内，"科学"与"知识"具有其功能与价值。"科学"的确不能充当政治伦理的最终依据，因为其自身的依据还有待探寻。"知识"也无法为政治伦理提供最终的证明，因为其自身也处于变化之中。但我们同样需要确定，"科学"与"知识"在何种意义与范围内有其价值和意义。人类对于"科学"与"知识"的追求不是简单的迷信，即使"科学"与"知识"并不是最终的意义形态。我们如何在实现"科学"与"知识"所具有的功能与价值，不沉迷于对"科学"的幻想和对"知识"的神话，这或许是我们可以延续福柯所开启的道路继续前进的方向。

第三，他重塑了"权力关系"的意义内涵，将"权力关系"作为个体存在所面临的普遍条件，而不是特殊的社会存在领域，但却没有给出判断"权力关系"是否具有正当性的标准，即使我们承认"权力关系"的普遍存在，但我们仍然不能将所有类型的"权力关系"视为具有同等程度的正当性。

"权力关系"的确具有普遍性特征，在人与人发生联系的领域，我们都可以看到"权力关系"以不同形式发生作用。但"普遍性"并不代表"正当性"，对于不同类型的"权力关系"，我们应拥有判断不同"权力关系"是否具有正当性的标准。福柯政治伦理思想对于"权力关系"是否具有正当性，以及应如何确定"权力关系"的正当性没有给予足够的关注，这或许可以成为继续讨论的问题。

第四，他建构了"生存美学"的实践趋向，将"自我艺术"作为"自我主体化"的价值目标，但却没有提供可供普遍公众选择的生活方式准则。"美"与"艺术"可以指引少数人成就自身的生命价值，但政治伦理所关注的并不仅仅是少数群体，更应包含普遍公众，普遍公众不应成为政治伦理忽略的对象。

"生存美学"的确指向崇高的生活目标，但以"艺术品"的方式看待自身的存在，将"美"作为生活理想来追求，进而实现与"真理"的相互交融，这只能是对少数人而言能够成立的生活方式。对于多数公众而言，"生存美学"无法成为有效的生活方式选择。政治伦理可以关注少数人，但不应忽略大多数人。我们不能仅仅将多数人视为少数人在成就自身的过程中有待超越的"他者"，政治伦理应承担为多数人指引生活方式选择的责任与使命。福柯政治伦理思想对于如何为多数人设定具有相对普遍性的生活方式没有给予太多关注没有给予应有的重视，这可以成为我们继续探讨的话题。

福柯政治伦理思想对于我们所面对的现实问题，具有重要的借鉴意义和参考价值，具体而言表现为以下方面：

首先，"理性"仍然具有其意义与价值，但要与价值关怀相协调，这样才能在发挥"理性"功能的同时，防范"理性"所具有的负面效果。

"理性"虽然不是具有"自明性"的终极价值，但它在其限度之内具有其意义与功能。"理性"自身不能判断行为目标的是否适当，因而在运用"理性"的过程中，需要与价值关怀相协调。我们需要防范的是，"理性"超越自身界限而成为具有统治地位的社会话语。我们要避免的是，由于"理性"具有局限而全部否定理性的意义与价值。当我们以价值关怀为指引并确定行为目标后，"理性"可以发挥应有的作用。我们需要将"理性思考"与"价值关怀"相互结合，才能在"理性"自身限度之内合理运用"理性"。

其次，"科学"与"知识"仍是值得追求的价值目标，但要与人文精神相统一，这样才能在追求"科学"理想的过程中，不陷入对于"科学"的迷信之中。

"科学"本身的确并不是纯粹客观描述，"知识"自身也不具有绝对价值，但"科学"与"知识"仍然是值得追求的价值目标，虽然不是终极目标。在对"科学"与"知识"的追求过程中，"人文精神"应发挥主导作用，为"科学"与"知识"指明发展的方向。"科学"与"知识"所具有的危险在于，两者能超过自身的界限而为其他领域树立标准。"科学"与"知识"始终只有在"人的存在"之中才能彰显自身的意义与价值，"人文精神"应引领"科学"与"知识"的追寻存在的意义与目标。

第三，"权力关系"的确具有普遍性，但"权力关系"要以"权利"彰显自身的正当性基础，这样才能防范"权力关系"可能带来的负面影响。

"权力关系"的确具有"普遍性"的特征，但"普遍性"并不代表正当性。在对"权力关系"的分析中，我们要能够区分不同"权力关系"所具有的正当性差异。对"权力关系"正当性的评判，需要以"权利"为基础得以进行。尽管"权利"的特定形态以"权力关系"为先决条件，但"权利"的存在具有相对稳定性。当我们判断"权力关系"是否具有正当性时，我们应分析"权力关系"对"权利"格局的影响，进而对"权力关系"的正当性做出判断。"权力关系"与"权利关系"之间存在着相互联系的内在关系，"权力关系"先行创造出特定的"权利"格局，而"权力关系"自身也只有在对"权利"格局的影响中展现自身的正当性。只有如此，"权力关系"可能具有的负面效果才能得到有效防范。

第四，"生存美学"的确具有崇高的生活目标，但要与"共同善"

相协调，这样才能使少数人的生活选择与多数人的现实生活相一致，以免在不同群体之间出现价值冲突。

"生存美学"指向崇高的生活目标，但毕竟这种生活目标只适合于少数群体。当少数群体致力于追求属于自身的价值目标，往往可能会造成与其他群体之间的价值冲突。政治伦理不应只关注少数群体而忽略多数人，"生存美学"也应在保证少数人价值选择的基础上，与多数人的价值选择相协调。"生存美学"所指向的"美"的追求要与"共同善"相协调，这样才能实现价值选择的相互一致。"美"为少数人指引向上的道德追求，"善"为多数人确定伦理基础，"美"与"善"的和谐一致应是政治伦理追求的价值目标。

参考文献

中文文献

包利民.存在论为什么是"第一哲学"？——对希腊存在论的一个再思（J）.哲学研究，2009，1：60-66.

杜夫海纳.审美经验现象学（M），韩树站译.1版.北京：文化艺术出版社，1996.

范胡泽著.保罗·利科哲学中的圣经叙事——诠释学与神学研究（M）.杨慧译.1版.北京：中国人民大学出版社，2012.

费耶阿本德.反对方法——无政府主义知识论纲要（M）.周昌忠译.1版.上海：上海译文出版社，1992.

福柯.词与物——人文科学考古学（M），莫伟民译.1版.上海：三联书店，2001.

福柯.性经验史（增订版）（M），佘碧平译.1版.上海：世纪出版集团、上海人民出版社，2005.

福柯.古典时代疯狂史（M），林志明译.1版.北京：三联书店，2005.

福柯．规训与惩罚——监狱的诞生（M），刘北成、杨远婴译．3版．上海：三联书店，2007.

福柯．知识考古学（M），谢强、马月译．3版．北京：三联书店，2007.

福柯．不正常的人（法兰西学院演讲系列，1974—1975）（M），钱翰译．2版．上海：上海人民出版社，2010.

福柯．必须保卫社会（法兰西学院演讲系列，1976）（M），钱翰译．2版．上海：上海人民出版社，2010.

福柯．安全、领土和人口（法兰西学院演讲系列，1977—1978）（M），钱翰、陈晓径译．1版．上海：上海人民出版社，2010.

福柯．主体解释学（法兰西学院演讲系列，1981—1982）（M），佘碧平译．2版．上海：上海人民出版社，2010.

福柯．生命政治的诞生（法兰西学院演讲系列，1978—1979）（M），莫伟民、赵伟译．1版．上海：上海人民出版社，2011.

海德格尔．形而上学导论（M），熊伟、王庆节译．1版．北京：商务印书馆，1996.

海德格尔．路标（M），孙周兴，译．1版．北京：商务印书馆，2000.

海德格尔．林中路（M），孙周兴译，1版．上海：上海译文出版社，2004.

海德格尔，存在与时间（M），陈嘉映、王庆节合译，3版．北京：三联书店，2006.

胡塞尔．欧洲科学的危机与超越论的现象学（M），王炳文译．1版．北京：商务印书馆，2001.

胡塞尔．第一哲学（上、下卷）（M），王炳文，译．1版．北京：

商务印书馆，2006.

胡塞尔.笛卡尔沉思与巴黎讲演（M），张宪，译.1版.北京：人民出版社，2008.

胡塞尔.哲学作为严格的科学（M），倪梁康，译.1版.北京：商务印书馆，2010.

怀特.元史学：十九世纪欧洲的历史想象（M）.陈新译.1版.南京：译林出版社，2009.

怀特海，教育与科学·理性的功能（M）.黄铭译.1版.北京：大象出版社，2010.

伽达默尔，真理与方法（诠释学）（M），洪汉鼎，译.1版.北京：商务印书馆，2007.

克尔凯郭尔.致死的疾病（M），张祥龙、王建军，译.1版.北京：商务印书馆，2012.

利科.虚构叙事中时间的塑形——时间与叙事卷二（M）.王文融译1版.上海：三联书店，2003.

利科.活的隐喻（M）.汪堂家译.1版.上海：上海译文出版社，2004.

里克尔.恶的象征（M）.公车译.1版.上海：上海人民出版社，2005.

利科.解释的冲突（M）.莫伟民.译.1版.北京：商务印书馆，2008.

利科.诠释学与人文科学——语言、行为、解释文集（M），孔明安、张剑、李西祥，译.1版.北京：中国人民大学出版社，2012.

李蜀人，从人文科学考古学到人的消失（J），四川大学学报（哲学社会科学版），2007，4：66-73.

莱维纳斯.伦理学作为第一哲学（J）.朱刚译.世界哲学，2008，1：92-100.

刘永谋，现代人的境遇与解放——福柯人学述评（J），中国人民大学学报，2006，6：101-106.

吕振合、吴彤，福柯的微观权力观——一种科学知识的政治学分析（J），中央民族大学学报（哲学社会科学版），2007，2：135-139.

曼.社会权力的来源（第一卷）（M），刘北成、李少军译.1版.上海：上海人民出版社，2002.

米德.心灵、自我与社会（M），赵月瑟译.1版.上海：上海译文出版社，2008.

莫伟民.主体的命运——福柯哲学思想研究（M）.1版.上海：上海三联书店，1996.

莫伟民.福柯的话语历史观及其与萨特的歧异（J），复旦学报（社会科学版），2004，4：55-61.

尼采.快乐的知识（M），黄明嘉.译.2版.北京：中央编译出版社，2007.

尼采.悲剧的诞生（M），孙周兴译.1版。北京：商务印书馆，2012.

陶秀.主体论文化话语的终结——关于福柯现代认识型概念的考察（J），哲学研究，2007，8：68-72.

王炳文.作为第一哲学的超越论现象学（J），世界哲学，2005，2：83-94.

汪民安.疯癫与结构：福柯与德里达之争（J），外国文学研究，2002，3：1-7.

汪民安.论福柯的"人之死"（J），天津社会科学，2003，5：21-26.

王齐.面对基督教：克尔凯郭尔和尼采的不同取向——兼论尼采对克尔凯郭尔的批判（J），世界哲学，2012，2：23-31.

维索尔伦.语用学诠释（M），钱冠华译.1版.北京：清华大学出版社，2003.

维特根斯坦.哲学研究（M），陈嘉映译.1版.上海：上海人民出版社，2005.

沃林，存在的政治——海德格尔政治思想研究（M），周宪、王志宏译.1版.北京：商务印书馆，2000.

吴奇，福柯·尼采.谱系学（J），华中科技大学学报（社会科学版），2007，6：21-24.

吴致远，对福柯的又一种解读——从技术哲学的角度（J），哲学动态，2008，6：62-67.

亚里士多德.形而上学（M），吴寿彭译.1版.北京：商务印书馆，1959.

亚里士多德.政治学（M），吴寿彭译.1版.北京：商务印书馆，1965.

余虹.艺术与归家——尼采·海德格尔·福柯（M）.1版.北京：中国人民大学出版社，2005.

余乃忠、陈志良，权力范围与知识限度：福柯知识考古学的恶之花（J），浙江社会科学，2009，1：80-85.

张国清，如何挽救"他者事业"——福柯和伯林非理性哲学批判（J），复旦学报（社会科学版），2004，4：62-70.

张梅，自主话语的幻想与反主体的考古学——读福柯的《知识考古学》(J)，哲学研究，2009，2：116-122.

章雪富、石敏敏.伦理学作为第一哲学——希腊化哲学的范式转移（J），中国社会科学，2011，1：47-57.

张政文，康德与福柯：启蒙与现代性之争（J），哲学动态，2005，12：8-12.

英文文献

Connolly William E., Beyond Good and Evil: The Ethical Sensibility of Foucault, Political Theory, Vol. 21, No. 3（Aug. 1993），pp. 365-389.

Dreyfus Hubert L.and Rabinow Paul（1983），Michel Foucault: Beyond Structuralism and Hermeneutics, The University of Chicago Press: Chicago.

Djaballah Marc（2008），Kant, Foucault, and Forms of Experience, Routledge: New York.

Falzon Christopher（1998），Foucault and Social Dialogue: Beyond fragmentation, Routledge: London.

Falzon Christopher, O'Leary Timothy and Sawicki Jana(ed)（2013），A Companion to Foucault, Blackwell Publishing limited: Oxford.

Flyvbjerg Bent, Habermas and Foucault: Thinkers for Civil Society？, The British Journal of Sociology, Vol. 49, No. 2（Jun., 1998），pp. 210-233.

Flynn Thomas R., Truth and Subjectivity in the Later Foucault, The Journal of Philosophy, Vol. 82, No. 10, Eighty-Second Annual Meeting American Philosophical Association, Eastern Division（Oct., 1985）， pp. 531–540.

Foucault Michel, edited by Rabinow Paul (1984), The Foucault Reader, Pantheon Books: New York.

Foucault Michel, edited by Gordon Colin, translated by Gordon Colin, Marshall Leo, Mepham John, Soper Kate (1980), Power/Knowledge: Selected Interviews and Other Writings 1972–1977, Pantheon Books: New York.

Foucault Michel, translated by Alan Sheridan and others (1988), Politics, Philosophy, Culture: Interviews and Other Writings 1977–1984, Routledge: New York.

Foucault Michel, translated by Robert Hurley and others (1997), Ethics: Subjectivity and Truth, The New Press: New York.

Foucault Michel, translated by Robert Hurley and others (1997), Aesthetics, Method and Epistemology, The New Press: New York.

Foucault Michel, translated by Hurley Robert and others (1997), Power, The New Press: New York.

Foucault Michel, translated by Graham Burchell (2010), The Government of Self and Others, Palgrave Macmillan: New York.

Foucault Michel, translated by Graham Burchell (2011), The Courage of the Truth (The Government of Self and Others II), Palgrave Macmillan: New York.

Gutting Gary (ed) (2005), The Cambridge Companion to Foucault, Cambridge University Press: New York.

Hook Derek (2007), Foucault, Psychology and the Analytics of Power, Palgrave Macmillan: New York.

Heyes Gressida J. (2007), Self-Transformations: Foucault, Ethics, and Normalized Bodies, Oxford University Press: New York.

Karl Simms (2003), Paul Ricoeur, Routledge: London and New York.

Mills Sara (2003), Michel Foucault, Routledge: London.

O'Leary Timothy (2002), Foucault: The Art of Ethics, Continuum International Publishing Group: New York.

O'Leary Timothy & Falzon Christopher (ed) (2010), Foucault and Philosophy, Wiley-Blackwell: Oxford.

Oksala Johanna (2005), Foucault On Freedom, Cambridge University Press: New York.

Prozorov Sergei (2007), Foucault, Freedom and Sovereignty, Ashgate Publishing Limited: Hampshire.

Prado C.G. (2006), Searle and Foucault On Truth, Cambridge University Press: New York.

Prado C.G. (ed) (2009), Foucault's Legacy, Continuum International Publishing Group: New York.

Ricoeur Paul, translated by Blamey Kathleen and Pellauer David (1988), Time and Narrative (Volume 3), The University of Chicago Press: Chicago.

Rayner Timothy (2007), Foucault's Heidegger: Philosophy and Transformative Experience, Continuum International Publishing Group: New York.

Sheridan Alan (1980), Michel Foucault: the Will to Truth, Routledge: London.

Simons Jon（1995），Foucault & the Political，Routledge：London.

Taylor Charles，Foucault on Freedom and Truth，Political Theory，Vol 12，No. 2（May，1984），pp. 152-183.

后　记

本书是我的博士论文，除了格式修改外，内容基本没有改变。我之所以没有对内容作出进一步的修订，有几方面的原因：首先，我对论文内容是基本认可的，对于福柯思想的理解而言，我现在仍然持有和当初同样的观点；其次，我希望通过这本书纪念一段难忘的岁月，保留原貌是对曾经的求学经历的尊重；最后，我现在的研究领域已经不仅局限在福柯伦理思想研究，因而也没有把太多的时间和精力花费在对以往研究的修正方面。

本书对于福柯思想的解读有得有失。从收获而言，首先我在对福柯思想的解读中坚持了历史与逻辑相统一的原则，这一原则虽然经常被提到，但真正能够做到却并非易事，我按照福柯思想的演变阶段，以福柯主要代表作品为文本依据，对福柯思想进行了系统研究，对于理解福柯思想而言还是有一定的借鉴价值；其次，我在福柯思想的解读中坚持了存在主义—诠释学的基本立场，从特定的哲学立场揭示了福柯思想所蕴含的思想意义，对于理解文本而言并不存在所谓"客观中立"的思想立场，我在解读文本过程中所坚持的存在主义基本立场对于彰显福柯思想的思想意义而言具有重要的借鉴意义；最后，我按照"真理"与"自由"的核心思想线索对福柯思想进行了系统解读，使福柯思想与哲学的核心问题相联系，"真理"的四重意义、"自由"实现的不同形式与福柯思想四阶段的相互契合构成了本书的主干框架，体现了福柯思想对于理解"真理"与"自由"的深刻内涵所具有的启示价值。

但本书的研究也存在一些不足，需要以后进一步完善。首先，福柯不是一个典型的"体系"哲学家，他的思想发展并不严格遵循时间顺序，本书对于福柯思想不同阶段的刻画只能大致刻画福柯思想的总体发展概况，对于福柯著作的覆盖范围也不全面，只是以福柯主要代表著作为基础而展开，这是需要在以后的研究中进一步完善的地方；其次，福柯不是典型的存在主义哲学家，甚至福柯严格而言并不是典型的哲学家，当我从存在主义立场对福柯思想进行解读时，难免有误解和过度解读的风险存在，尽管已经付出了很大努力，我还是不能确保自己能把握福柯思想的本质所在，需要在以后的研究中进一步完善；最后，我在研究过程中太注重把研究贯穿于"真理"与"自由"的主线之中，研究框架不够圆融，有牵强附会之嫌，这也是在以后的研究中需要再努力完善的地方。

本书是我以往研究的总结，也开启了我的后续研究方向。我目前在进行"生存美学"问题的研究。"生存美学"是福柯晚期思想中的重要概念，但我虽然借鉴了福柯思想的概念，却已经把研究范围扩展到福柯伦理思想的范围之外。我的目的在于以"生存美学"为核心概念，构建涵盖元伦理学、规范伦理学、实践伦理学三个维度的伦理学综合体系。福柯的政治伦理思想是我的研究起点，但不是我的全部研究内容。我的目标不是成为一名福柯思想研究专家，尽管成为一名福柯研究专家也是值得追求的学术目标。我更希望成为一名追求真、善、美的思想者，即使前路漫漫，我愿一往无前！

衷心感谢导师万俊人教授对本人的精心指导。万老师的言传身教将使我终身受益。万老师在开题报告阶段，教导我"别人研究终止的地方，就是我们研究开始的地方"；在论文写作过程中提醒我注意福柯思想中可能有的信仰缺失问题；在论文写作技巧和风格方面以自己的论文为我做出了具体的示范。如果没有万老师的指引和帮助，我无法最终完成学位论文，也就更不会有本书的出版。在此，我对万老师一直以来的关怀与指导深表谢意！

我在伦理学领域的学习，深受唐文明教授的启发，在此对唐老师深表谢意！唐老师在授课过程中，提醒我们博士论文具有的模式，可以选择从大的方面切入，也可以选择从小的问题入手。我深受唐老师启发，在论文中试图通过福柯思想勾勒20世纪欧陆哲学的整体面貌。唐老师学贯中西，我深表敬佩，希望以后仍然有机会多向唐老师请教。

在清华哲学系学习期间，我有幸聆听了多位老师的授课，我跟从陈来教授学习了"中国哲学专题"课程、跟从王路教授旁听了"古希腊哲学"课程、跟从黄裕生教授学习了"西方哲学专题"课程、跟从卢风教授学习了"环境伦理学"课程、跟从肖巍教授旁听了"女性主义伦理学"课程、跟从田巍教授学习了"宗教伦理学"课程、跟从谈火生副教授学习了"政治思想史著作选读"课程。此外，我还有幸在北京大学旁听了部分刘哲教授、吴天岳教授、徐向东教授、何怀宏教授所主讲的课程。在此，向以上各位老师深表谢意！

在清华哲学系学习期间，我有幸结识了很多学术上的朋友，他们给予我很大帮助，在此深表谢意。同门师兄淘涛、同门师姐吴俊、申巍、李季璇、詹莹莹等给予我很大帮助。我和师姐詹莹莹同时参加答辩，詹师姐在各个方面对我进行了耐心的指导，我深表谢意。和我同时入学的同门蒋政对我帮助很多，在他到伦敦国王学院访学过程中，给我介绍了国外学术的最近进展，我深表谢意。清华哲学系 2011 级博士生其他同学也给予我很大帮助，在此我要感谢关杰、孟芳、赖尚清、李卓、廖志军、曹成双、戴蓓芬、丁璐、王纵横等各位同学。

我最后还要感谢一直陪伴在我身边的家人，我的爱人、父母、岳父岳母和一女一儿一直默默支持我，对此我满怀感激！儿子行健是我在清华读书期间出生的，我给他取名的部分原因也在于对清华精神的认同。我作为清华培养的学生，永远为我曾经在清华读书而深感骄傲和自豪！对学校的培养，我永远心存感激！